고사성어로 보는

스토리
경제학
STORY
ECONOMICS

고사성어로 보는
스토리 경제학

1쇄 인쇄 2018년 7월 20일 **1쇄 발행** 2018년 7월 27일

지은이 노상채
펴낸곳 글라이더 **펴낸이** 박정화
등록 2012년 3월 28일(제2012-000066호)
주소 경기도 고양시 덕양구 화중로 130번길 14(아성프라자 6층 601호)
전화 070)4685-5799 **팩스** 0303)0949-5799 **전자우편** gliderbooks@hanmail.net
블로그 http://gliderbook.blog.me/
ISBN 979-11-86510-62-9 03320

이 도서의 국립중앙도서관 출판예정도서목록(CIP)은 서지정보유통지원시스템
홈페이지(http://seoji.nl.go.kr)와 국가자료공동목록시스템(http://www.nl.go.kr/
kolisnet)에서 이용하실 수 있습니다.(CIP제어번호: CIP2018022515)

고사성어로 보는

스토리
경제학
STORY
ECONOMICS

노상채 지음

글라이더

고사성어와
경제학의 만남

"경제학은 어려운 학문이라지요?"

경제학도라고 하면 으레 듣는 질문입니다. 경제학을 가르치는 동안 어렵다는 말을 수없이 많이 들어왔습니다. 수업 때마다 '어떻게 하면 경제학을 쉽게 풀어 가르칠까' 하는 생각이 떠나지 않았습니다. 고심 끝에 경제이론에 속담과 고사성어를 연결시켜 강의하기 시작했습니다. 매몰비용埋沒費用은 엎질러진 물은 주워 담을 수 없다는 속담 또는 '복수불반覆水不返' 고사를 연결하니 쉽고 인상적인 설명을 할 수 있었습니다. 외부효과外部效果는 죄는 도깨비가 짓고 벼락은 고목나무가 맞는다는 속담과 함께 '옥석구분玉石俱焚'으로 설명하니 편리했습니다. 가치재價値材 또한 '양약고구良藥苦口'로 설명하니 유용했습니다. 속담과 고사성어가 간결하고 명쾌한 언어로 조상들이 삶의 지혜를 전하는 귀중한 문화유산이라는 것을 새삼 확인할 수 있었습니다.

유용성을 확신한 필자는 졸저 『미시경제학』과 『화폐금융론』 등의 여러 전공 책에 속담과 고사성어를 이용하여 경제 원리를 설명했습니다. 그리고 욕심이 생겼습니다. 경제학 전공자뿐만 아니라 일반 독자에게도 경제학에 쉽고 재미있게 접근하는 길을 열어주고 싶었습니다. 이 같은 작은 노력의 결실이 10년 전에 펴낸 '속담 속의 경제학'입니다. 속담 속에 들어있는 경제 원리를 모아서 수필 형식으로 펴낸 이 책은 2009년도 문화체육관광부 우수교양도서에 선정되기도 했습니다.

그 후 필자는 계속해서 경제와 관련된 고사성어를 찾고 연구해 왔습니다. 경제이론에 들어맞는 고사성어를 찾아내는 작업은 마치 밭을 갈다가 귀중한 문화유산을 만나는 것만큼이나 즐겁고도 가슴 뛰는 일이었습니다. 이제 그 동안 강의 자료로 모아둔 고사성어 50여 개를 묶어 『고사성어로 보는 스토리 경제학』을 펴내게 되었습니다. 이 책에는 우리 조상들이 옛 이야기처럼 재미있게 들려주는 지혜가 경제이론에 연결되어 있습니다. 우리는 풍부한 한자 성어를 문화로 지니고 있습니다. 마침 젊은이들이 사자성어 놀이를 즐기고, 한자급수 자격이 대입과 취업에 가산점으로 활용되면서 한자 공부의 필요성도 높아지고 있습니다. 독자에게 이 책이 한자, 고사성어, 경제학을 동시에 잡는 일석삼조가 되기를 기대합니다.

전공인 경제학 분야에도 천학 비재한 필자가 하물며 고사성어 운운하며 책을 쓴다는 것은 지난한 일입니다. 선진 학자들의 연구와 번역이 없었더라면 이 책이 세상에 나오지 못했을 것입니다. 임종욱의《고사성어대사전》(고려원)은 전체 길잡이 역할을 해주었습니다. 사마천《사기》는 고사성어의 보고입니다. 오고대부 등 이 책에 실린 것만 해도 9개나 됩니다. 번역은 김원중 역본(민음사)을 참고했습니다. 그 외의 자료 목록은 책 뒤 참고문헌에 실었습니다. 단, 인용 고사는 대부분 필자가 쉬운 단어나 문장으로 고쳐 사용했음을 밝힙니다. 만약 그 과정에 오류가 생겼다면 전적으로 필자의 책임입니다.

푸석푸석한 돌멩이 같았던 원고를 갈고 닦아 이처럼 한 권의 멋진 책으로 엮어주셨을 뿐만 아니라 경기콘텐츠진흥원의 우수콘텐츠 지원도서로 선정되는 기회를 마련해주신 글라이더 박정화 대표님과 보이지 않는 편집 과정에서 수고해주신 임호 실장님께 감사드립니다. 또한 흠이 많은 원고에서 뉘를 골라내고 글의 흐름을 다듬어주신 이영미 선생님께도 감사를 드립니다.

끝으로 책 읽는 습관이라는 무형의 재산을 자식들에게 남겨주신 하늘에 계신 부모님께 감사를 드립니다.

2018년 7월

노상채

차례

1

경제 일반_

사마천, 상업의 중요성을 갈파하다

득롱망촉得隴望蜀: 욕망과 자원

경세제민經世濟民: 경제학

상인商人: 상인의 유래

적토성산積土成山: 자본주의 경제

흑묘백묘黑猫白猫: 사회주의 경제

득롱망촉
得隴望蜀

욕망과
자원

중국의 한漢나라는 전한과 후한으로 나뉜다. 유방이 세운 전한은 200년쯤 지속하다가 왕망이 세운 신新나라에 의해 대가 끊겼다. 신은 15년 만에 망하고 광무제 유수가 세운 후한後漢이 뒤를 이었다.

광무제가 낙양에 도읍을 정하고 천하 재통일에 나섰다. 그 무렵 중국은 전한의 실정과 왕망의 찬탈로 인해 혼란스러웠고 각처에 군웅이 할거했다. 광무제는 낙양에 가까운 곳부터 이들을 토벌하였고, 나중에 농서와 촉만 남았다.

AD 32년, 광무제가 잠팽과 함께 농서 정벌에 나섰다. 농서에 들어간 광무제가 서성을 포위했다. 이때 촉이 농서를 도우려고 군대를 보내어 인근의 상규성에 주둔케 했다. 광무제는 군사를 나누어 서성과

고사성어로 보는 **스토리 경제학**

상규 두 성을 공격하게 한 다음 낙양으로 돌아갔다. 농서를 떠나면서 광무제가 잠팽에게 지시했다.

"두 성이 함락되거든 곧 군사를 거느리고 남쪽으로 가서 촉을 치도록 하라. 사람은 만족할 줄 모른다더니 이미 농서를 평정했는데 다시 촉을 바라게 되는구나(旣平隴 復望蜀). 매번 군사를 출동시킬 때마다 머리가 희어지도다."

범엽의 《후한서》 '광무기光武紀'에 나오는 이야기다. 이 고사에서 '평롱망촉平隴望蜀'이라는 성어가 나왔다. 평롱망촉의 '평롱平隴'은 농서 땅을 얻었다는 뜻이며, '망촉望蜀'은 촉 땅을 바란다는 뜻이다. 비슷한 고사가 진수《삼국지》 '위지魏志'에도 나온다. 조조가 군사를 풀어 농서를 병합하자 사마의가 내친 김에 촉도 손에 넣자고 건의했다. 조조는 "사람은 만족할 줄 몰라 괴로운 법이다. 이미 농서를 얻었는데(得隴) 어찌 촉까지 바랄 수 있겠는가(望蜀)?" 하며 거절했다. 이 고사에서 '득롱망촉得隴望蜀'이 나왔다. 득롱망촉과 평롱망촉은 인간의 끝없는 욕망을 경계하는 성어다. 오늘날에는 득롱망촉이라는 말이 주로 쓰인다.

욕망은 무한, 자원은 유한

인간의 욕심은 끝이 없다. 최인호의 장편소설 《상도》에 계영배라는 술잔이 나온다. '계영戒盈'이라는 말은 넘치는(盈) 것을 경계(戒)

한다는 뜻이다. 과음이나 지나친 욕심을 경계하는 교훈을 담고 있는 계영배는 술을 따를 때 일정한 한도를 넘으면 술이 빠져 나가도록 과학적으로 만들어졌다. 잔 내부에 ∩ 모양의 작은 관이 마련되어 있어서 술을 어느 수준 이상으로 부으면 사이펀siphon 원리가 작동해서 빠져나가도록 만들어진 것이다. 너무 욕심을 부리면 가진 것도 잃는다는 교훈이리라.

사람은 자원을 이용하며 살아간다. 자원은 부존량이 무한한 것도 있고 유한한 것도 있다. 부존량이 많아서 대가를 치르지 않고도 얻을 수 있는 자원을 자유재自由財라고 한다. 공기나 햇빛이 자유재다. 이에 비해 부존량이 적어서 대가를 지불해야 얻을 수 있는 자원을 경제재經濟財라고 한다. 석유, 목재 등이 경제재다.

경제재 중 해산물이나 목재 등의 경우, 유한하지만 그래도 자연 속에서 계속 생성된다. 이용량이 생성량을 넘지 않으면 계속 사용이 가능하다. 하지만 석유, 석탄 등 화석 연료는 먼 옛날 지질시대에 한번 생성된 것을 사용한다. '검은 황금black gold'이라고 부르는 석유 자원은 언젠가는 고갈된다. 수자원도 마찬가지다. 최근에는 물 부족 현상이 보편화되고 있다. 지구 곳곳에서 물싸움이 벌어지고 있다. 물은 이미 '파란 기름blue oil'이라고 불린다. 물 보유국이 오일 달러에 버금가는 '워터 달러water dollar'를 벌어들일 날이 다가오고 있다.

희소성과 선택

욕망에 비해 자원이 상대적으로 부족한 현상을 희소성이라고 한다. 어떤 자원이 무한히 존재한다면 값을 지불할 필요가 없으며, 선택이라는 과정 없이 이용할 수 있다. 그러나 대부분 자원은 유한하기에 선택해서 이용할 수밖에 없다. 경제행위를 하려면 선택이라는 과정을 거쳐야 한다. 무엇을 생산할 것인가, 무엇을 소비할 것인가가 모두 선택 사항이다.

그런데, 어떤 하나를 선택하려면 다른 어떤 것을 '포기'해야 한다. 선택에는 포기라는 대가가 따른다. 따라서 어떤 선택 행동을 할 때는 가능한 한 대가를 적게 치르는, 즉 합리적인 선택을 해야 한다. 합리적인 선택을 연구하는 학문이 경제학이다. 희소성, 선택, 합리성 등의 단어는 경제학에 들어가는 입구에서 맨 처음 만나는 용어.

자유재: 대가를 치르지 않고도 얻을 수 있는 자원.

경제재: 대가를 지불해야 얻을 수 있는 자원.

희소성: 욕망에 비해 사원이 상대석으로 부속한 현상.

득롱망촉 得隴望蜀: 농을 얻고 촉도 바라다.

(得 : 얻을 득, 隴 : 지역 이름, 望 : 바랄 망, 蜀 : 지역 이름)

경세제민
經世濟民

경제학

국제 유가가 요동치면 덩달아서 우리나라 생필품 값이 춤을 춘다. 젊은이들은 고용 없는 성장, 실업이라는 말에 가슴이 뜨끔하다. 주식시장의 시황은 연일 신문의 몇 개 면을 차지하고, 그만큼 화제도 풍부하다. 노사 관계, 특히 통상임금이나 최저임금에 대한 논의도 활발하다. 올해 중국의 경제성장률이 몇 %인가, 한반도 긴장 완화와 교류 증대는 어떻게 진행될 것인가, 미국의 금리 인상은 우리 경제에 어떤 영향을 미칠 것인가, 이들 모두가 우리의 관심사이다. 그래서인지 정치신문은 없어도 경제신문은 여럿이다. 이처럼 경제는 생활 자체이고, 그 속에서 경제이론도 점점 시민에게 보편적인 지식이 되어 간다. 그런데 경제학이 무엇인가 묻는다면 사람들은 고개를 갸우뚱 한다.

경제학

경제는 영어로 이코노미economy이며 어원은 그리스어 오이코노미아oikonomia이다. 오이코스oikos는 집을 의미하고 노미아nomia는 관리를 의미한다. 오이코노미아를 글자 그대로 번역하면 '집의 관리'라는 뜻이다.

한자문화권에서 사용하는 경제經濟라는 용어는 경세제민經世濟民에서 나왔다. 경세제민은 '세상을 다스리고 백성을 구한다'라는 뜻이며, 줄여서 사용하는 '경제'도 같은 의미를 지니고 있다. 경제라는 단어를 처음 사용한 사람은 개화시대 일본의 유학자인 다자이 순다이太宰春臺다. 다자이는 서양서를 번역하던 중 이코노미economy라는 단어를 만났다. 지금이야 이코노미라는 말을 '경제'를 뜻하는 말로 쉽게 생각하지만 당시에는 그러한 말이 없었다. 다자이는 중국의 여러 문헌에 등장하는 '경세제민'이라는 말을 찾아낸 다음, 이를 줄여서 경제라는 용어를 만들어냈다. 다자이 순다이가 사용하기 시작한 경제라는 말은 이후 한국과 중국에서도 사용되면서 학술 및 일상적인 용어로 굳어졌다.

사회과학의 여왕

앞 장章에서 보았듯이 경제행위는 희소한 자원을 합리적으로 선택해서 사용하는 것을 전제로 한다. 이러한 점을 고려하여 학자들은 경제학을 '희소한 자원을 선택적으로 사용하여 상품을 생산, 교환,

분배, 소비하는 과정을 연구하는 학문'이라고 정의한다.

한편 경제학이 효율성이나 합리성을 따지는 학문이라는 점에서 경제학에 대한 세상의 평가는 그리 따사롭지 않다. 영국의 칼라일은 경제학을 '우울한 과학'이라고 불렀다. 하지만 그런 평가로 인해 경제학도가 의기소침할 필요는 없다. 마셜A. Marshall이 있기 때문이다. 마셜은 젊었을 때 런던의 빈민가를 지나다가 뒷골목 사람들의 비참한 모습을 보고, 이들을 돕는 방법을 연구하기 위하여 경제학을 공부하기 시작했다고 한다. 그는 "가슴은 뜨겁게, 머리는 차갑게"라는 귀한 잠언을 남기기까지 했다. 새뮤얼슨P. A. Samuelson은 경제학을 '사회과학의 여왕'이라고 말했다. 더구나 경제학이 경세제민, 즉 세상을 다스려 백성의 어려움을 구제한다면, 경제학도가 학문하는 보람은 매우 클 것이다. 서양의 'economy'라는 말보다 우리나라의 경제, 즉 경세제민이라는 말이 훨씬 의미가 깊고 크다는 점도 우리 경제학도의 자부심이라고 할 수 있겠다.

경세제민 經世濟民: 세상을 다스리고 백성을 구함.

경제학: 희소한 자원을 선택하여 상품을 생산, 교환, 분배, 소비하는 과정을 연구하는 학문.

고사성어로 보는 스토리 경제학

상인의
유래

하늘 아래 해가 없는 날이라 해도
나의 점포는 문이 열려 있어야 한다.
하늘에 별이 없는 날이라 해도
나의 장부엔 매상이 있어야 한다.

메뚜기 이마에 앉아서라도
전麈은 펴야 한다.
강물이라도 잡히고
달빛이라도 베어 팔아야 한다.
일이 없으면 별이라도 세고
구구단이라도 외워야한다.

......

상인은 오직 팔아야 하는 사람

팔아서 세상에 유익하게 하는 사람

위 시는 김연대가 쓴 '상인 일기'의 일부다. 상인은 장사하는 사람이다. 법률적으로는 자기 명의로 상행위商行爲를 업으로 삼는 사람을 말한다. 장사하는 사람을 상인商人이라고 부르는 데는 유래가 있다.

'상인商人'의 유래

중국 고대의 역사는 요순堯舜 시대를 거쳐 하상주夏商周 세 왕조로 이어졌다고 전해진다. 하의 마지막 왕은 폭군 걸桀왕이다. 민심을 잃은 걸왕이 망하고 탕왕이 새로운 나라를 세웠다. 탕왕이 세운 나라는 상족商族이 세웠다고 해서 상商이라고 불리며, 갑골문자가 출토된 은허殷墟의 이름을 따서 은殷이라고도 불린다. 상의 마지막 왕 주紂왕도 폭군이었다. 주지육림, 포락지형 등의 고사성어가 주왕의 폭정에서 유래했다. 걸왕과 주왕을 보통 걸주桀紂라고 부른다. 걸주는 동양에서 폭군을 뜻한다.

상나라는 주周나라 무武왕에게 멸망했다. 상나라가 망한 뒤 나라를 잃은 유민은 중국 각지에 흩어져서 장사를 하며 살아갔다. 그 후 장사하는 사람을 '상인商人'이라 부르고, 장사 일은 상나라 사람이 하는 일이라고 해서 '상업商業'이라고 했다.

주나라를 비롯해서 동양의 고대 국가는 대개 중농억상 정책을 폈다. 당시 사람들은 농업만이 진정한 생산적 직업이라고 보았다. 자급자족 사회에서는 먹을 것을 생산하는 농업이 잘 되어야 인구가 번성하고 강한 나라가 될 수 있었다. 반면에 상업은 상품 교환과 고리대로 재물을 늘리는, 그래서 생산 없이도 쉽게 돈을 버는 일이라고 생각되었다. 옛 지도자들은 농민이 힘든 농사일을 버리고 쉽게 돈을 버는 상업에 치중할까 염려했다.

한비는 《한비자》 '오두편五蠹篇'에서 상공인을 나라를 망치는 다섯 가지 좀벌레 중 하나로 꼽았다. 한비가 말한 다섯 가지 좀벌레는 쓸데없는 말로 세상의 법을 혼란케 하는 학자, 거짓을 일삼고 바깥 세력을 빌려 제 욕심을 채우는 말쟁이, 무리를 지어 법이 금하는 일을 골라 하는 칼 찬 자, 권력자에 기대어 뇌물을 바치고 청탁해서 편히 사는 자, 그리고 농민의 이익을 빼앗아가는 상공인(商工之民)이 그 다섯이다. 앞의 네 가지는 어느 정도 이해가 가지만 상공인이 나라를 좀먹는 벌레라니 무슨 말인가? 한비는 상공인이 조잡한 상품을 손질하고 사치스러운 재화를 비축해 두었다가 값이 오르는 것을 기다려 농민의 이익을 앗아간다고 생각했다. 당시 지도자들은 농업을 본업本業으로 보고, 상공업을 말업末業이라고 불렀다. 반면에 사마천은 상업이 국가의 주요 산업이라고 생각했다.

다음은 사마천의 《사기》 '화식열전貨殖列傳'에 나오는 내용이다.

"가난한 사람이 부를 얻는 방법으로는 농업이 공업만 못하고, 공업은 상업만 못하다. 직업 중 말업인 상업이나 공업이 가난한 자가 부유해지는 수단이다."

상의 후예, 화상 華商

상나라의 후예들은 오늘날 전 세계에 흩어져 상업을 중심으로 한 여러 사업에 종사하고 있다. 이들 중국계, 즉 화교 기업인들을 통틀어 '화상'이라고 부른다. 오늘날 전 세계에 흩어져 있는 화상은 약 5천만 명 이상으로 추산된다. 화상의 상술은 세계적으로 이름나 있다. 우리나라 인구에 해당하는 이들이 세계 곳곳에서 크고 작은 차이나타운을 형성해 살면서 상권을 넓혀가고 있다.

젊은이들이 배낭여행을 할때면 대개 거친 빵과 물 한 컵으로 끼니를 해결하곤 하는데 아껴 먹던 라면마저 떨어지고 나면 한식 생각이 간절하다. 하지만 동포들이 많이 사는 곳 아니고는 한식당을 만나기가 쉽지 않아 이때 즐겨 찾는 곳이 차이나타운이다. 차이나타운에 가면 한식 비슷한 음식에 김치도 먹을 수 있다. 3천 년 전 나라를 잃고 흩어져서 유랑하며 상업에 종사한 상商나라 후손이 해외에 진출한 덕분인 줄을 알랑가 몰라.

상인商人: 상나라의 유민, 장사를 하는 사람.
상업商業: 상의 유민들이 한 직업, 장사 일.

적토성산
積土成山

자본주의
경제

한나라는 융성하던 때라 조정에 무신도 많았건만

어찌 여인에게 짐 지워 화친하라 보냈던가.

당唐나라 시인 동방규의 시 '소군원昭君怨' 주인공은 중국 4대 미녀 중 한 사람이자 정략결혼으로 흉노 왕에 시집간 비운의 여인 왕소군王昭君이다. 왕소군은 흉노 땅에 살면서 그곳 아녀자들에게 길쌈을 가르치는 등 덕을 베풀었다. 왕소군이 죽자 슬퍼하는 백성들이 나와서 무덤에 흙을 한줌씩 뿌렸다. 무덤은 산처럼 높은 언덕을 이루었고, 지금도 네이멍구에 흙산으로 남아 있다.

우리나라에도 한줌 흙이 모여 생긴 흙산이 있다. 벽골제 근처에 있는 신털미산이 그것이다.

흙이 모여 산을 이루다

백제 때 조성된 벽골제는 조선시대에 대대적인 보수 공사가 이뤄졌다. 전국에서 모여든 인부들은 일을 하다가 그늘에 들어가 쉬면서 짚신에 붙은 흙을 털거나 헤진 짚신을 바꿔 신었다. 수많은 인부가 흙먼지를 털고 짚신을 버리다 보니 작은 언덕이 생겼다. 사람들은 짚신을 털어 생겼다고 해서 이 언덕을 신털미산이라고 불렀다. 작은 것이 모여 큰 것을 이루는 것을 '적토성산積土成山'이라고 한다. 《순자》의 '권학勸學'편을 보자.

> 흙이 쌓여 산을 이루면(積土成山) 바람과 비가 인다. 물이 모여 못을 이루면 교룡이 산다. 선행을 쌓아 덕을 이루면 자연히 이치를 알게 되어 성스러운 마음이 갖춰진다. 한걸음 한걸음이 모여서 천리 길을 가게 하고, 작은 개울 여럿이 모여 강과 바다를 이룬다.

순자는 인간의 타고난 본성이 악하기 때문에 바르게 살도록 하려면 교육이 필요하다고 주장했다. 순자가 '흙이 쌓여 산을 이루듯이(積土成山) 선행을 쌓아 덕을 이룬다'고 한 말에서 적토성산이라는 사자성어가 나왔다. 적토성산의 '적토積土'는 흙이 쌓임을, '성산成山'은 산을 이룸을 뜻한다. "티끌 모아 태산"이라는 속담이 있듯이 작은 것이라도 거듭 모이면 큰 것을 이룰 수 있다.

고사성어로 보는 **스토리 경제학**

자본: 생산수단

인류의 역사는 어떤 과정을 거쳐 발달해 왔을까? 칼 마르크스K. Marx는 인류의 역사가 원시공산사회, 고대노예사회, 중세봉건사회, 근대자본주의, 공산주의의 단계를 거치며 발전한다고 주장했다. 마르크스는 자본資本을 누가 어떤 형태로 소유하는가를 기준으로 역사를 구분하였다. 여기서 자본이란 자금資金이 아니라 물적인 생산수단을 뜻한다. 경제학에 나오는 자본이라는 말은 대개 기계 등의 물적 생산수단을 말한다.

원시공산사회에서는 부족 구성원이 생산수단을 공동으로 소유했다. 고대노예사회에서는 노예가 주요 생산수단이며, 이를 지주와 군주가 소유했다. 중세봉건사회에서는 농노가 주요 생산수단이며, 이를 봉건 영주가 소유했다. 근대자본주의사회에서는 자본이 주요 생산수단이며, 이를 자본가가 소유한다. 공산주의사회에서는 자본이 주요 생산수단이되, 이를 국가가 소유한다.

베버가 말한 자본주의

자본주의capitalism란 자본을 소유한 자본가가 노동자를 고용하여 이윤을 목적으로 상품을 생산하는 경제체제이다. 사람들은 흔히 자본주의의 발상지로 유럽을 꼽는다. 마스 베버M. Weber는 저서 《프로테스탄티즘의 윤리와 자본주의 정신》에서 유럽 자본주의는 절약과 저축을 가르친 개신교 덕분에 형성된 자본축적의 토대 위에 이뤄졌다고 설명했다.

사람들이 영리를 추구하는 것은 동서양 어느 사회나 같다. 그런데 오직 유럽에서만 금욕과 소명 정신을 기반으로 하는 자본주의가 발생했고, 베버는 그 근원을 개신교의 교리에서 찾았다. 개신교에서는 직업이 신으로부터 부여받은 의무라고 생각했다. 개신교 교회는 직업을 통한 부의 획득이 신의 축복이며, 정당한 직업은 신 앞에 가치를 가진다고 가르쳤다. 개신교의 이러한 가르침은 결과적으로 자본 축적을 가져다주었다. 신이 인정하는 직업에서 성실히 일하고 검소한 생활을 하면 자연히 자본 축적이 이루어지며, 이 토대에서 유럽 특유의 근면과 검소를 기반으로 하는 자본주의가 발전했다는 것이다. 베버의 주장을 뒷받침하듯 청교도 중심 개신교도의 개척으로 탄생한 미국은 근대 자본주의의 종주국이 되었다.

"자본주의는 고장 났다"

하지만 베버가 말한 청교도적 자본주의 시대가 끝나고 있다. 오늘의 자본주의는 근면과 절제보다는 투기나 고리대금 등 비생산적인 방식을 통해 이윤을 탐하는 천민자본주의로 나아가고 있다. 2011년 가을, 뉴욕의 월 스트리트에서 자본주의 경제를 비난하는 시위가 일어났다. 시위의 직접적인 동기는 월 스트리트 금융자본가의 탐욕 때문이었다. 글로벌 금융위기 때 미국 정부는 파산 위기에 빠진 투자은행 등을 살리기 위해 대규모의 공적자금을 쏟아 부었다. 그런데 구제

금융으로 간신히 살아난 금융회사들은 연말에 대규모의 보너스 잔치를 벌였다. 이에 시민들이 분노했고, 거리로 나온 것이다.

스위스에서 열린 2012년 다보스포럼에서도 자본주의 경제에 대한 우려가 이어졌다. 매일경제신문사가 펴낸 《다보스포럼, 자본주의를 버리다》는 "자본주의는 고장 났다."로 시작된다. 다보스포럼은 자본주의 경제의 병폐를 분석하고, 고장 난 자본주의를 고치라는 경고를 했다. 천민자본주의를 탈피하라는 것이다.

하버드 대학의 마이클 포터Michael E. Porter 교수는 기업의 목표가 '공유가치 창출(CSV)'이어야 한다고 주장한다. 기업이 이익을 사회에 환원하는 소극적 자세에서 더 나아가 사회와 공유하는 가치를 창출해야 한다는 것이다. 포터 교수는 기업이 이익을 기반으로 하되, 일자리 창출과 환경보호, 사회문화 창달 등을 경영목표로 설정하면 기업의 이익과 공공의 이익이 양립할 수 있다고 설명했다.

자본주의: 자본가가 이윤을 목적으로 상품을 생산하는 경제체제.

천민자본주의: 투기나 고리대금업 등을 통해 이윤을 얻으려는 태도.

CSV(Creating Shared Value) : 기업과 사회의 공유가치 창출.

적토성산 積土成山: 흙이 쌓여 산을 이룸.

(積 : 쌓을 적, 土 : 흙 토, 成 : 이룰 성, 山 : 뫼 산)

사회주의 경제

"자본주의의 결함은 축복을 골고루 나누어 가질 수 없다는 점이고, 사회주의의 결함은 빈곤을 골고루 나누어 가진다는 점이다." 윈스턴 처칠의 이 말은 자본주의와 사회주의의 장단점을 꿰뚫는 명언이다. J. A. 슘페터는 자본주의가 그 자체의 '성공' 때문에 붕괴할 것이라고 말했다. 오늘날 자본주의는 몸살을 앓고 있다. 자본주의 사회에 광범위하게, 지속적으로 나타나는 소득불평등 때문이다. 처칠의 말대로 자본주의는 축복을 골고루 나누지 못한다. 이때 공평 분배를 주장하는 사회주의가 파고들었다.

1917년

칼 마르크스 등은 소득불평등이 자본주의 경제의 본질이며, 그 근본 원인은 사유재산제도라고 생각했다. 이들은 자본을 공유하면 소득불평등이 해소된다고 주장했다. 이 생각을 행동으로 옮긴 것이 볼셰비키혁명이다. 1900년대 초, 러시아의 왕실과 귀족은 사치와 향락에 빠져 있었고, 노동자와 농민은 배고픔에 시달렸다. 애써 일해 봐야 노동자와 농민에게 남는 것은 가난이었다. 그런데 굶주림을 면할 방법이 있다는 소식이 들려 왔다. '공동으로 생산해서 똑같이 나누는 세상'을 만들면 된다는 얘기였다. 노동자와 농민이 평등 세상을 꿈꾸며 봉기했다. 바로 1917년에 일어난 볼셰비키혁명이요, 사회주의 체제의 시작이다. 볼셰비키혁명은 구소련을 탄생시켰다. 이후 동유럽 국가 대부분이 사회주의 체제로 이행했으며 중국과 북한, 쿠바도 사회주의를 받아들였다. 사회주의는 자본을 국가와 사회가 공유하며 사유재산을 인정하지 않는 계획경제 체제이다. 자본 공유를 통해서 공동으로 생산하고 공동으로 분배하면 빈부 격차가 없어지고 평등한 세상이 된다는 것이 사회주의자의 주장이다.

이상은 좋지만

볼셰비키혁명으로 농노는 자유인이 되고, 수탈만 당하던 노동자에게 소득이 평등하게 분배되었다. 농민과 노동자는 신이 나서 열심히 일하기 시작했다. 덕분에 혁명 이후 구소련의 경제성장률이 연 25%를 넘은 적도 있다. 하지만 세월이 흐르고 혁명 열기가 식자 생산성이 떨어지기 시작했다. 열심히 일하지 않아도 개인에게 돌아오는 결과가 같다는 사실을 노동자와 농민이 알아채 버린 것이다. 그 이후 구소련과 동유럽 진영은 경제가 파탄에 이르자 자본주의로 급격한 체제 전환을 했고 20년이 넘도록 후유증에 시달리고 있다.

중국의 사정도 마찬가지였지만, 대응은 소련과 달랐다. 사회주의 국가인 중국은 인민공사제도를 시행하고 있었다. 균등 생산, 균등 분배라는 이름으로 집단경작을 하고 소출을 나눠 가졌다. 하지만 이 방식으로는 생산성이 너무 떨어져서 먹고 살 수 없었다. 농사를 지어봤자 자기 것이 아니기에 아무도 열심히 일하지 않았기 때문이다. 1978년 한 농촌 마을에서 '경제사건'이 일어났다.

안후이성 샤오강의 초가집에 18명의 농민이 모여 계약서에다 손도장을 찍었다. 인민공사 생산조를 해체하고 가구마다 일정한 땅을 나눠 생산을 책임진 뒤, 국가에 내는 것을 제외한 물량은 각자가 처분하자고 결의한 것이다. 이는 자본주의 방식의 생산이자 국법을 어기는 일로 농민들은 감옥에 들어갈 각오를 했다. 만일 잡혀가면 남은 아이들은 잡혀가지 않은 사람들이 돌봐주기로 약조했다.

더 이상 갈 곳이 없는 상황에서 농민들은 개인이 책임을 지는 도급제를 채택한 것이다. 이들은 할당된 땅을 열심히 일구어 농사를 지었다. 도급제 효과는 대단했다. 이듬해 샤오강 마을은 대풍작을 기록했다. 나라에 식량을 낼 수 있었고, 빚도 조금이나마 갚을 수 있었다. 이후 도급제는 중국 전역으로 번져나갔다.[1]

고사성어로 보는 스토리 경제학

덩샤오핑은 이 사건에서 사회주의의 문제점을 해결할 실마리를 찾았다. 그것은 사회주의 체제에 시장경제 원리를 도입해서 이윤 동기를 주자는 것이었다. 샤오강 마을 사람들을 처벌하지 않았음은 물론이다.

흑묘백묘

덩샤오핑은 중국 농촌의 속담을 인용하여 "검은 고양이든 흰 고양이든 쥐를 잘 잡는 고양이가 좋은 고양이다."라고 말하곤 했다. 이 말은 '흑묘백묘黑猫白猫'라는 사자성어로 널리 알려졌다. 자본주의든 사회주의든 인민을 잘 살게 하면 그것이 좋은 제도라는 것이다.

1978년 이후 추진된 중국 개혁개방의 핵심은 시장 경제의 도입이다. 예를 들어 농사를 지어 평균 수확의 70%만 세금으로 내고 이를 초과한 수확은 농민이 갖도록 했다. 특히 텃밭 생산물은 자기 것이었다. '방권양이放權讓利' 정책도 기업에 활력을 불어넣었다. 원래 중국 기업은 벌어들인 수익을 국가에 납부해야 했다. 방권양이 정책의 도입으로 기업은 경영권을 행사하고 이윤을 처분할 수 있게 되었다. 이와같은 조치로 농업생산이 획기적으로 증가하였고, 기업의 생산성 또한 향상되었다. 덕분에 중국은 오늘날 미국과 양강을 겨루는 경제 강국이 되었다.

개혁개방 이후의 중국 경제 시스템은 '사회주의 시장경제'라고 불린다. 토지 등의 공유 원칙은 지키되, 정부의 개입을 최소화하여 개별 경제주체의 경제활동을 시장에 맡기는 시스템이다.

혼합경제(mixed economy)

자본주의 국가에서도 소득불평등을 비롯한 갖가지 결함이 발생하였고, 이를 고치자고 등장한 것이 수정자본주의이다. 수정자본주의는 자본의 사유화 원칙은 지키되, 자본주의의 단점을 정부의 개입을 통해 고치자는 변형된 자본주의를 뜻한다. 오늘날 사회주의는 사회주의 시장경제로, 자본주의는 수정자본주의로 이행하고 있다. 자본주의와 사회주의의 장점을 택하여, 개인의 경제활동을 인정하면서도 정부가 적극 개입하는 혼합경제 체제로 이행한 것이다. 현재 사회주의를 고집하고 있는 나라는 쿠바와 북한 정도인데, 쿠바는 겉만 사회주의 경제일 뿐 거의 시장경제 체제로 이행하고 있고, 북한도 중국식 개혁개방을 조심스럽게 추진하면서 시장경제 도입을 시도하고 있다. 2018년 현재 북한에 장마당이 500개 이상이라는 것은 체제전환의 작은 조짐이다.

사회주의 경제 : 모든 자본을 국가와 사회가 공유하는 계획경제체제.

사회주의 시장경제 : 자본은 공유하되 경제활동을 시장에 맡기는 사회주의.

수정자본주의 : 자본 사유 원칙 아래 정부의 개입을 용인하는 자본주의.

혼합경제 : 계획경제와 자유경제의 장점을 혼합한 경제체제.

흑묘백묘 黑猫白猫 : 검든 희든 쥐를 잘 잡는 고양이가 좋은 고양이다.

(黑 : 검을 흑, 猫 : 고양이 묘, 白 : 흰 백)

방권양이 放權讓利 : 기업에 권한을 위임하고 이익을 분배하는 정책.

2

소비_

장량, 주군에게 가치재 소비를 권하다

수요의
가격탄력성

자그마한 가게를 운영하는 동생이 다른 가게보다 싼값에 물건을 팔고 있다. 형이 걱정되어 말한다.

"그렇게 싸게 팔아도 되니? 남는 게 없을 텐데."

"형님, 걱정 마셔요, 박리다매 전략이니까."

형은 동생이 너무 싸게 판다고 걱정이지만 동생은 나름대로 속셈이 있다는 것이다. 동생이 믿는 것은 '박리다매薄利多賣'이다.

다음은《한비자》의 '설림說林'편에 나오는 백락에 관한 일화이다.

춘추시대 진나라에 살았던 백락은 미워하는 사람에게는 천리마 고르는 법을, 좋아하는 사람에게는 짐말(駑馬) 고르는 법을 가르쳐 주었다. 천리마는 드물어서 어쩌다가 한번 거래가 있을 뿐이므로 이문이 적었다. 하지만 짐말은 거래가 흔해서 이문을 많이 남길 수 있었다.

박리다매

박리다매薄利多賣에서 '박리薄利'는 이익이 적다는 뜻이고, '다매多賣'는 많이 판다는 뜻이다. 박리다매는 낱개당 이익은 적어도 많이 팔아 이익을 크게 하겠다는 판매 전략이다.

백화점의 바겐세일이 박리다매 전략이다. 평소에 정가 판매를 고수하는 백화점이 바겐세일 행사를 하는 것은 가격 인하율보다 판매 증가율이 더 커서 매상고가 오르기 때문이다. 만약에 가격 인하율보다 판매 증가율이 낮으면 매상고가 감소하며, 바겐세일 의미가 없어진다. 백화점의 바겐세일 행사가 1년에 몇 차례씩 되풀이되는 것을 보면 가격 인하율보다 판매 증가율이 높은 모양이다.

정부는 2015년에 담뱃값을 2배 가까이 대폭 인상했다. 건강에 해로운 담배의 가격을 인상하여 소비를 줄이겠다는 취지였다. 결과는 정부의 주장과 다른 것으로 나타났다. 정부가 주장한 대로라면 담뱃값을 2배로 올렸으니 수요가 절반으로 줄어야 했다. 하지만 담배의 수요는 거의 줄지 않았다. 담배의 수요가 담뱃값의 인상이나 인하에 대해 큰 폭으로 반응하지 않은 것이다. 담뱃값 인상은 서민들의 세금만 올리는 결과를 낳고 말았다. 단, 담뱃값 인상으로 서민들이 얻은 것 한 가지가 있다. 그것은 담배의 수요는 가격 변화에 대해 '비탄력적'이라는 경제학 공부(?)를 하게 된 것이다.

가격탄력성

박리다매 전략이나 담뱃값 인상 정책은 수요의 '탄력성彈力性'과 관계가 있다. 어떤 상품의 가격이 변할 때 수요량이 얼마나 변화하는가의 비율을 수요의 가격탄력성이라고 한다. 만약 수요량 변화율이 가격 변화율보다 크면 수요가 가격 변화에 대해 탄력적이라고 말한다. 박리다매 마케팅은 상품의 수요가 가격 변화에 대해 탄력적으로 변할 때 가능하다. 가격을 인하하면 수요가 그 이상으로 증가하기 때문에 판매 수입이 증가하는 것이다.

수요가 가격 변화에 민감하게 반응하지 않는 것을 비非탄력적이라고 한다. 이 경우에는 가격을 올려 판매하는 것이 생산자에게 유리하다. 예를 들어 원유는 가격이 상승하더라도 소비자가 수요를 쉽게 감소시키지 못한다. 원유의 수요는 가격 변화에 대해 비탄력적이다. 중동 산유국이 감산정책을 통해 원유 가격을 올리고 막대한 오일 달러를 벌어들이는 것은 원유 수요가 가격에 대해 비탄력적이기 때문에 가능한 일이다. 위의 예를 볼 때 백화점 상품은 수요가 가격 변화에 대해 탄력적이고, 원유 및 담배는 수요가 가격 변화에 대해 비탄력적이다. 만약 수요가 가격 변화에 대해 비탄력적인 재화를 박리다매하겠다고 나서면 손해를 볼 수 있다. 비탄력적인 재화는 가격을 대폭 내려도 수요가 기대한 만큼 많이 증가하지 않기 때문이다.

고사성어로 보는 스토리 경제학

교차탄력성

수요의 변화는 '다른' 상품의 가격변화 때문에 일어나기도 한다. 택시비가 오르면 시내버스 수요가 증가한다. 어떤 상품의 수요가 다른 상품의 가격 변화 때문에 변하는 정도를 '수요의 교차탄력성'이라고 한다. 수요의 교차탄력성은 두 상품의 대체성代替性과 관련이 있다. 휘발유는 품질이 거의 비슷해서 대체성이 큰 상품이다. A회사 휘발유 값은 그대로인데 B회사가 가격을 조금만 내려도 A회사의 수요가 대폭 감소한다. 주유소의 입간판에 1원 단위까지 가격을 알리며 경쟁하는 것은 휘발유의 대체성으로 인한 교차탄력성이 매우 크기 때문이다.

참고로, 소득의 변화로 인한 수요의 변화 정도를 수요의 소득탄력성이라고 한다. 소득탄력성은 재화가 우등재인가, 열등재인가 판별의 척도가 된다. 소득탄력성이 플러스(+)이면 우등재이고, 마이너스(-)이면 열등재이다.

수요의 가격탄력성 : 상품의 가격이 변할 때 수요량이 변하는 정도.

수요의 교차탄력성 : 다른 상품의 가격 변화 때문에 생기는 수요의 변화 정도.

수요의 소득탄력성 : 소득 변화 때문에 생기는 수요의 변화 정도.

박리다매 薄利多賣 : 이익을 적게 보고 많이 판다.

(薄 : 엷을 박, 利 : 이로울 리, 多 : 많을 다, 賣 : 팔 매)

수어지교
水魚之交

보완재
補完財

삼고초려 끝에 유비는 제갈량을 군사로 영입하였다. 제갈량은 유비보다 나이가 스무 살 아래였지만 유비는 마치 스승을 대하듯 제갈량을 극진히 섬기고 대접했다. 관우와 장비는 이를 못마땅하게 여겼다. 특히 성미 급한 장비가 더 불만이었다.

앙앙불락하던 장비는 관우와 함께 유비를 찾아가 제갈량을 너무 위하는 것이 아니냐고 불평을 털어놓았다. 유비가 타일렀다.

"내가 제갈량을 얻게 된 것은 물고기가 물을 얻은 것과 같다네. 자네들은 더 이상 말을 하지 않도록 하게나."

유비의 이 말을 듣고서 관우와 장비는 불평을 그쳤다.

당시 유비는 신야라는 작은 고을에 있었다. 어느 날 조조의 대군이

고사성어로 보는 스토리 경제학

처들어온다는 급보가 날아들었다. 걱정이 된 유비가 관우와 장비를 불러 대책을 물었다. 평소에 유비가 제갈량을 떠받드는 모습을 못마땅하게 생각하던 장비가 불쑥 대답했다.

"물더러 막으라 하면 될 일이지, 형님은 무슨 걱정이우?"

후세 사람들은 유비와 제갈량의 관계에서 군신 사이의 좋은 관계를 '수어지교水魚之交'라고 불렀다. 수어지교란 물(水)과 고기(魚)의 사귐(之交)을 뜻한다. 수어지교는 고기가 물을 떠나 살 수 없는 것과 같이 밀접한 관계를 비유하는 말로서, 서로 도움을 주는 보완補完 관계를 나타낼 때 쓰인다.

보완재

딜링햄 부부는 가난하지만 서로 사랑하고 위하며 살아간다. 이들 부부에게는 자랑거리가 각각 하나씩 있다. 남편은 금시계가 자랑이고, 아내는 삼단 같은 금발 머리카락이 자랑이다. 크리스마스가 다가오자, 남편은 아내의 머리카락에 어울리는 선물을 하고 싶고, 아내는 남편의 금시계에 어울리는 선물을 하고 싶다. 그러나 이들은 가난해서 선물을 살 돈이 없었다.

남편은 아끼던 금시계를 팔아서 아내가 갖고 싶어 하던 비녀머리 빗을 산다. 한편 아내는 머리카락을 잘라서 팔아 남편 시계에 어울리는 백금 시곗줄을 산다. 크리스마스가 되자 이들은 들뜬 마음으로 서로 마련한 선물을 내놓는다. 그러나 어찌 상상이나 했겠는가, 마음먹고 마련한 서로의 선물은 이제 아무 소용없는 물건이 되어버렸다. 남편에게 시계가 없는데 시곗줄이 무슨 소용이 있으며, 머리카락을 짧게 잘라버린 아내에게 비녀머리빗이 무슨 소용이 있겠는가!

《마지막 잎새》의 작가 오 헨리O. Henry가 쓴 단편 '크리스마스 선물' 이야기다. 시계는 시곗줄이 있어야 소용이 있다. 비녀머리빗은 기다란 머리카락이 있어야 효용을 발휘한다. 시계와 시곗줄처럼 두 재화가 함께 사용되어야 효용을 발휘하는 재화를 '보완재補完財'라고 한다. 홍차와 우유, 보리밥과 고추장, 커피와 커피 크리머 등이 서로 보완재이다. 보완재는 같이 사용되기 때문에 두 재화 중 한 재화의 가격이 오르면 다른 재화의 수요는 감소한다. 즉 커피값이 오르면 커피 수요가 감소하기 때문에 보완재인 커피 크리머의 수요가 감소한다. 앞 장에서 설명한 교차탄력성이 그것이다. 보완재는 수요의 교차탄력성이 마이너스(-) 방향으로 작용한다.

보완재 중 정해진 비율로 소비해야만 효용을 발휘하는 재화를 완전보완재라고 한다. 뒤의 고장난명에서 자세히 살펴보자.

대체재

KTX 개통 이후 서울 부산 간 항공 수요가 절반 수준으로 감소했다. 많은 사람이 운송 수단을 비행기에서 고속열차로 대체한 것이다. 비행기와 고속열차처럼 서로 용도가 비슷해서 대용으로 사용할 수 있는 재화와 서비스를 '대체재代替材'라고 한다. 커피와 녹차, 버터와 마가린, 만 원짜리 지폐 한 장과 오천 원짜리 두 장 등이 서로 대체재이다. 대체재 중 한 재화의 가격이 오르면 다른 재화의 수요가 증가한다. 즉 커피 값이 오르면 녹차의 수요가 증가한다. 대체재는 수요의 교차탄력성이 플러스(+) 방향으로 작용한다.

한편 커피와 녹차는 서로 대체되기는 하지만 기호나 맛이 다르기 때문에 불완전하게 대체된다. 이에 비해 만 원짜리 한 장과 오천 원짜리 두 장, 같은 가격의 빨간 우표와 파란 우표는 서로 완전하게 대체된다. 대체가 완전한 두 상품을 완전대체재라고 한다.

보완재: 두 상품을 함께 소비할 때 효용을 발휘하는 재화.

대체재: 용도가 비슷하여 서로 대세해 소비할 수 있는 새화.

수어지교 水魚之交: 매우 친밀하게 사귀어 떨어질 수 없는 사이.

(水: 물 수, 魚: 물고기 어, 之: 갈 지, 交: 사귈 교)

양약고구
良藥苦口

가치재
價値財

천하를 통일하고 제국을 건설했던 진시황이 죽자 사방에 군웅이 나서서 황제의 자리를 탐냈다. 모두들 "왕후장상의 씨가 태어날 때부터 따로 있다더냐?" 하며 칼을 들고 나섰다. 그 중 항우와 유방의 세력이 컸다. 두 사람은 서로 먼저 진秦의 수도 함양에 입성하려고 다투었다. 유능한 부하를 많이 거느린 유방이 항우보다 한발 빨리 함양에 입성했다.

함양에 도착한 유방이 시황의 궁에 들어갔다. 시황궁에는 갖가지 보화와 아름다운 궁녀가 그득했다. 마음이 해이해진 유방은 궁을 떠날 줄 몰랐다. 보다 못한 번쾌가 말했다.

"아직 전쟁이 끝나지 않았고, 천하가 진정한 영웅을 기다리는데 어

고사성어로 보는 스토리 경제학

찌하여 한때의 쾌락을 즐기려 하십니까? 지금부터가 큰일이오니 지체 없이 궁에서 나가 적당한 곳에 진을 쳐야 합니다."

하지만 유방은 번쾌의 말을 듣지 않았다. 장량이 나서서 말했다.

"우리가 이곳까지 올 수 있었던 것은 시황의 폭정에 백성의 원한이 컸기 때문입니다. 지금 주군의 임무는 천하를 위해 잔적을 소탕하고 민심을 안정시키는 것입니다. 그런데 함양에 입성하자마자 시황이 누리던 것들을 탐한다면 하夏의 걸傑왕이나 상商의 주紂왕과 다를 바가 없습니다. 충성스러운 말은 귀에 거슬리지만 행실에 이롭고, 좋은 약은 입에 쓰지만 몸에 이롭다 했습니다. 번쾌의 말을 들으소서."

그제야 유방은 궁에서 나왔다.

사마천의 《사기》 '유후세가留侯世家'에 나오는 이야기다. 번쾌와 장량의 충언을 받아들인 유방은 사치와 타락의 상징인 시황궁에서 나와 패상에 가서 주둔했다. 덕분에 유방은 민심을 얻었고, 결국 천하를 얻어 새로운 나라를 세웠으니 그가 한漢 고조高祖이다. 장량과 유방의 고사에서 '양약고구良藥苦口'라는 말이 널리 알려지게 되었다. '양약良藥'은 좋은 약을, '고구苦口'는 입에 쓰다는 것을 말한다.

가치재

좋은 충고는 귀에 거슬리지만 몸가짐을 바로잡는 데 이롭고, 좋은 약은 입에 쓰지만 몸에 이롭다. 하지만 사람들은 좋은 약이라 해도 입에 쓰면 먹기 싫어한다. 사회적으로 봐서 소비가 바람직한데도 소비하려 하지 않는 재화를 '가치재(價値財, merit goods)'라고 한다. 사용할 가치가 있지만 사용 여부를 개인에게 맡겨두면 자발적으로 소비하지 않는 재화가 가치재다.

자동차의 안전벨트가 바로 가치재이다. 안전벨트는 운전자와 승객의 안전을 위해 꼭 필요하다. 그런데 안전벨트를 매면 아무래도 답답하고 불편하다. 착용 여부를 자유에 맡겨두면 대부분의 사람들은 안전벨트를 매지 않으려 한다. 이 때문에 행정 당국에서는 법을 제정하여 안전벨트 착용을 의무화 하고 있다. 경제 용어로 말하면 '가치재를 의무적으로 소비하라'는 것이다.

가정에서 어머니의 잔소리 또한 가치재이다. "인사 잘 해라, 저녁에 단 것 먹지 마라, 아침에 일찍 일어나라, 음식 골고루 먹어라……."

어머니가 가하는 규제나 의무, 그리고 교훈은 지키기 어렵거나 귀찮은 일이지만 세상을 살아가는 데 꼭 필요한 것들이다. 어머니의 잔소리야말로 양약 중에 양약이다. 지혜와 사랑에서 나오는 어머니의 잔소리, 돌아가신 뒤에 그리워해 봤자 소용이 없다.

술이 웬수입니다

이로우니 소비하라고 해도 소비하지 않는 가치재가 있는가 하면, 해롭다고 해도 기를 쓰고 소비하는 재화가 있다. 비가치재非價値財가 그것이다. 사람에 따라 판단 기준이 다르기는 하지만 일반적으로 술과 담배, 마약, 매춘 등이 비가치재에 속한다. 대부분 국가는 비가치재의 소비를 규제하거나 금지한다. 하지만 비가치재의 소비는 좀처럼 감소하거나 근절되지 않는다.

"술이 웬수입니다." 술 마시고 사고를 낸 사람이 두고 쓰는 말이다. 한국조세연구원은 우리나라의 술로 인한 사회적비용이 연간 약 20조 원에 달한다고 추정했다. 술로 인해 패가망신하는 사람이 한둘이 아니지만, 음주는 여전하다. 미국은 1920년에 금주법을 제정하여 술의 제조와 유통을 금지했지만 효과를 거두지 못했다. 오히려 금주법으로 인해 밀주와 밀매가 성행하면서 암시장이 생기고, 막대한 이익을 노리는 범죄조직이 개입하는 등 부작용이 크게 나타났다. 미국의 악명 높은 범죄조직은 대부분 금주법 시대에 크게 세력을 넓혔다. 금주법이 범죄를 키운 것이다. 미국 사회에 갈등과 논란거리가 된 금주법은 결국 1933년에 폐지되었다.

사람들은 가치재의 이로움과 비가치재의 해로움을 알지만, 기호와 습관, 중독 때문에 소비 형태를 쉽사리 바꾸지 않는다. 가치재와 비가치재 소비 여부는 개인의 품성, 사회의 전통과 문화가 결정한다.

가치재: 이롭지만 개인의 자유에 맡기면 소비하려 하지 않는 상품.

비가치재: 해약 때문에 소비를 금지해도 소비하려 하는 상품.

양약고구 良藥苦口 : 좋은 약은 입에 쓰다.

(良 : 좋을 양, 藥 : 약 약, 苦 : 쓸 고, 口 : 입 구)

소비자
균형

우리 속담에 '같은 값이면 다홍치마'라는 말이 있다. 이를 한자성 어로는 '동가홍상同價紅裳'이라고 한다. '홍상'은 다홍치마를 말한다. 조선시대에 일반 서민은 붉은 옷이나 자색 허리띠를 착용하는 것을 나라에서 금했다. 서민으로서 붉은 옷을 입을 수 있는 유일한 사람 은 신부였다. 새색시만이 입을 수 있는 다홍치마는 그만큼 입어보고 싶은 옷이었다. 같은 조건이라면 좀 더 낫고 편리한 것을 택하는 것 을 동가홍상이라고 한다. 사람들은 같은 값이라면 예쁜 다홍치마를 고르고, 똑같이 예쁜 옷이라면 값이 싼 쪽을 택한다.

합리적인 소비: 소비자균형

어떤 사람이 빵을 사러 베이커리에 들른다. 그는 팥빵을 좋아하지만 가지고 있는 돈을 다 털어서 팥빵만 사지는 않는다. 팥빵만 사먹으면 그 한계효용이 체감한다는 것을 경험으로 알기 때문이다. 그는 팥빵과 다른 빵을 적절히 배합하여 구입한다. 편의상 팥빵과 식빵 두 종류의 빵을 고른다고 하자. 그는 팥빵의 효용과 가격, 그리고 식빵의 효용과 가격을 비교해 본다. 그리고 자기가 가지고 있는 예산을 고려해서 구입량을 결정한다. 두 종류 빵의 효용, 가격, 예산을 고려해서 구입하는 것이다. 최선의 방법은 팥빵 1원어치의 한계효용과 식빵 1원어치의 한계효용이 같아지도록 팥빵과 식빵을 구입하는 것이다. 이 조건을 수리식을 빌려 표현하면 다음과 같다.

$$\frac{\text{팥빵의 한계효용}}{\text{팥빵의 가격}} = \frac{\text{식빵의 한계효용}}{\text{식빵의 가격}}$$

위 조건식의 양변이 같아지면 '팥빵 1원어치의 한계효용=식빵 1원어치의 한계효용'의 관계가 성립한다. 이 조건을 충족시키는 소비가 최적소비이며, 최적소비 상태를 소비자균형 또는 가중된 한계효용균등의 법칙이라고 한다.

최적소비란 소비하고자 하는 상품의 가격이 동일하면 효용이 큰 상품을 고르고, 효용이 같다면 값이 싼 상품을 고른다는 의미이다. 상품의 가격이 동일할 때 효용이 큰 상품을 고르는 것을 효용극대화, 효용이 같다면 값이 싼 상품을 고르는 것을 비용극소화라고 한다. 효용극대화와 비용극소화는 동전의 양면처럼 결과는 같다. 두 행동 모두 같은 값이면 다홍치마를 고른다는 얘기이다.

이상에서는 이론의 전개상 팥빵과 식빵 두 상품만을 구입한다고 가정했지만 우리가 살아가는데 필요한 상품은 한두 가지가 아니다. 최적소비는 이 모든 상품의 가격과 효용을 동시에 고려할 때 달성된다. 물론 그 상황을 수치로 나타내기는 어렵다. 우리는 경험에 의해서 무의식중에 최적 소비를 달성하며 살아간다.

한편 소비자균형을 무시한 살림살이를 한 이도 있으니, 바로 뺑덕어멈이다.

소비자불균형

심청전에는 뺑덕어멈이 심봉사의 재산을 탕진하는 이야기가 나온다. 돈이 떨어져 빌어먹자고 나서는 마당에 아직도 주막에 해장술 값으로 마흔 냥이 남아있고, 이웃 가게에 엿 값으로 서른 냥의 외상이 걸려 있다는 것이다. 그녀는 소비 행동을 하면서 비용은 전혀 고려하지 않고 엿의 단맛이 주는 효용만을 쫓아다녔다. 군것질에 서른 냥을 쓴다는 것은 합리적인 소비가 아니다. 이러한 비합리적 소비 행태를 소비자불균형이라고 한다.

어머니는 밥상머리에서 자식에게 "편식하지 말고 음식을 골고루 먹어라."라고 가르친다. 어머니의 이 말을 경제 용어로 말하면 식탁에서 소비자균형을 달성하라는 주문이다. 뺑덕어멈처럼 엿 값에 서른 냥을 쓰지 말라는 뜻이다.

소비자균형: 상품 가격과 효용을 고려한 소비가 이루어진 상태.

소비자불균형: 가격과 효용을 고려하지 않아 한쪽에 치우친 소비.

동가홍상同價紅裳: 같은 값이면 다홍치마.

(同: 한 가지 동, 價: 값 가, 紅: 붉을 홍, 裳: 치마 상)

서시빈목
西施嚬目

밴드왜건
효과

　중국에서는 4대 미녀로 서시, 왕소군, 초선, 양귀비를 꼽는다. 이 중 서시는 월越나라가 오吳나라를 멸망시키기 위한 미인계에 이용했을 정도로 절세미인이었다. 서시는 얼마나 아름다웠던지 그녀를 본 물고기가 헤엄치는 것을 잊은 채 물밑으로 가라앉았다고 한다. 그런데 서시에게는 남모르는 어려움이 있었다.

　서시는 가슴앓이 병이 있어서 항상 눈을 찌푸리고(嚬目) 다녔다. 마을의 못생긴 여인이 이를 보고 아름답다고 생각하여 자기도 가슴에 손을 대고 눈을 찌푸리고 마을을 돌아다녔다. 그 흉한 모습을 본 마을 사람들 중 부자들은 문을 닫아걸고 밖에 나오지 않았으며, 다른 사람들은 처자를 데리고 마을을 떠나버렸다. 못생긴 여인은 눈을 찌푸린 서시의 모습이 아름답다는 것은 알았지만, 무엇이 서시를 아름답게 하는지는 알지 못했다.

이 글은 《장자》 외편外篇의 '천운天運'에 나오는 설화다. 이 설화에서 '서시빈목西施嚬目'이라는 사자성어가 나왔다. '서시'는 사람 이름이고, '빈목'은 눈(目)을 찌푸린다(嚬)는 뜻이다. 영문도 모르고 남의 흉내를 내는 일, 남의 단점을 장점인 줄 알고 모방하는 일 등을 비유할 때 서시빈목이라고 한다.

장자는 이 설화를 이용해서 공자를 신랄하게 비판했다. 예의나 법도는 시대에 따라 변해야 하는데, 공자가 옛날 태평시대 주나라의 이상적인 정치를 난세인 춘추전국시대에 재현하려는 것은 추녀가 서시를 흉내내는 것과 같다는 것이었다.

"나도 사야지!" 밴드왜건 효과

전통적인 경제이론에서는 가격이 오르면 수요가 감소하고 가격이 내리면 수요가 증가하는 수요법칙이 나타나며, 다른 사람의 영향이 없이 이루어진다고 생각해왔다. 하지만 실제로는 수요법칙이 작용하지 않거나, 수요에 다른 소비자의 영향이 미치기도 한다. 라이벤슈타인H. Leibenstein은 수요법칙의 예외 현상으로 밴드왜건 효과, 스노브 효과, 베블런 효과가 있다고 설명했다.

'밴드왜건 효과bandwagon effects'란 자기 주관이 없이 남을 따라 소비하는 행동을 말한다. 서커스단이 어느 마을에 들어가면 공연 전에 먼저 시내를 한 바퀴 돈다. 서커스단 행렬의 앞에서 선도차, 즉 밴드왜건bandwagon이 트럼펫을 불고 북을 치며 나아가면 서커스 도구를 실은 갖가지 모양의 차량이 뒤를 따르고, 그 뒤를 어린아이들이 졸졸 따라간다. 이와 비슷한 일이 사람들의 소비 행동에도 일어난다. 다른 사람이 어떤 상품을 구입하면 자기도 따라서 그 상품을 구입하는 현상이 발생하는 것이다. 라이벤슈타인은 소비자의 이러한 행동을 밴드왜건 효과라고 불렀다. 우리말로는 동행 효과 또는 편승 효과라고 한다. 청소년이 유명 연예인의 일거수일투족을 모방하는 일, '미 투me too 소비' 등이 밴드왜건 효과다.

대형서점 입구에는 대개 베스트셀러 서가가 자리잡고 있다. 그 옆 평서가平書架에는 순위에 오른 책이 수북이 쌓여 있다. 사람들의 편승 성향을 겨냥한 것이다. 낯선 곳에 가서 식당을 고를 때도 그렇다. 먹어보지 않고 맛있는 식당을 고르는 가장 그럴듯한 방법은 사람이 북적거리는 식당을 고르는 것이다.

"나는 남들과 달라!" 스노브 효과

그런데 세상 사람들이 다 똑같은 것은 아니다. 청개구리 심보를 가진 사람도 있어서 어떤 사람은 특정 상품을 구입하는 사람이 많아지면 오히려 그 상품 구입을 기피한다. 자기의 차별화를 위해서이다.

고사성어로 보는 스토리 경제학

상품 소비에 있어서 다른 사람과 차별된 행동을 하는 현상을 '스노브 효과snob effect'라고 한다. 이 또한 수요법칙의 예외 현상이다. 요즘은 스노브 효과를 '백로 효과'라는 용어로 부르는 것이 일반화되었다.[2] "까마귀 싸우는 골에 백로야 가지 마라." 하고 자식을 가르친 정몽주 어머니의 시조에서 따온 용어이다. 한편 청개구리 심보가 엿보이는 스노브 효과는 속물 효과라고도 불린다.

"나, 이런 사람이야" 베블런 효과

미국의 경제학자인 베블런T. Veblen은 저서 《유한계급론》에서 상류층은 소비를 통해 자기의 사회적 지위를 과시하기 위하여 고가 상품을 소비한다고 주장하고, 이를 '과시적 소비'라고 불렀다. 과시적 소비는 베블런이 설명했다고 해서 '베블런 효과'라고 부른다. 다음은 2011년 7월에 보도된 '소비자가 만드는 신문'의 기사 제목이다.[3]

"명품 값 올리니 날개"

기사의 내용인즉, 백화점 명품코너에서 유명 가방의 값을 올리니 날개 돋친 듯 팔려 나갔다는 것이다. 2011년은 우리나라와 EU의 자유무역협정(FTA)이 발효된 해이다. 자유무역협정으로 가방의 관세가 내렸다. 가방의 가격은 최소한 관세 인하 비율만큼은 내려야 했다. 하지만 가방 수입 업체는 가격을 내리기는커녕 오히려 올려서 팔았다. 루이비통, 샤넬, 구찌 등 이른바 명품 빅3의 매출이 전년도에 비해 많이 올랐다. 그것도 가격을 가장 많이 올린 샤넬의 매출이 가장 많이 올랐다. 세금은 내려가고, 값은 오르고, 팔리기는 더 많이 팔리고……

수입업체로 봐서 '이보다 더 좋을 수 없는 일'이 벌어졌다. 사람들의 소비 행태에 베블런 효과가 존재하는 한, 이를 이용하는 기업의 꿩 먹고 알 먹기는 계속될 것이다.

수요법칙 : 재화 가격이 오르면 수요가 감소하고 내리면 증가하는 현상.

밴드왜건 효과 : 다른 사람의 소비를 따라 하는 현상.

스노브 효과 : 차별화를 위해 다른 사람과 다르게 소비하는 현상.

베블런 효과 : 고급 상품을 소비해서 자기의 신분을 과시하는 현상.

서시빈목西施嚬目 : 영문도 모르고 남의 흉내를 내는 것.

(西施 : 사람 이름, 嚬 : 찡그릴 빈, 目 : 눈 목)

고사성어로 보는 스토리 경제학

3

생산_
진 목공, 교환도 생산임을 보이다

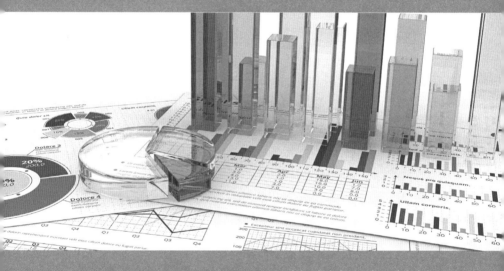

오고대부五羖大夫: 교환도 생산이다

우공이산愚公移山: 노동

천금매골千金買骨: 효율성 임금

경자유전耕者有田: 토지

보거상의輔車相依: 보완적 생산 관계

염일방일拈一放一: 기회비용

복수불반覆水不返: 매몰비용

교환도
생산이다

인당수에 몸을 던졌다가 황후가 된 심청은 아버지를 찾으려고 대궐에서 맹인을 위한 잔치를 벌인다. 이 소식을 듣고 심 봉사도 뺑덕어멈과 함께 길을 나섰지만, 뺑덕어멈은 노잣돈을 모두 들고 도망가 버린다. 빈털터리가 된 심 봉사는 주막집에서 방아를 찧어주고 점심을 얻어먹기로 한다. 심 봉사가 방아를 찧으며 노래를 부른다.

오고대부 죽은 후에 방아소리 그쳤더니, 우리 성상 착하옵셔 국태민안 하옵신데, 하물며 맹인 잔치 고금에 없었으니, 우리도 태평성대에 방아소리나 하여 보세……

심 봉사의 노래에 나오는 오고대부五羖大夫는 춘추시대 진秦나라의 명신 백리해百里奚를 말한다. 그런데 방아타령에 오고대부라는 말이 왜 나올까? 백리해가 죽은 후에 방아소리는 왜 그쳤을까?

오고대부

우虞나라의 대부였던 백리해는 나라가 망한 뒤 진晉나라에 포로로 잡혀와 살고 있었다. 진晉의 공주가 진秦의 목공에 시집가자 백리해는 추종관이 되어 진秦나라로 가게 되었다. 추종관이란 다른 나라로 시집가는 공주를 몸종처럼 따라가서 그 나라에 눌러 살아야 하는 관직이다. 대부까지 지냈던 백리해에게 걸맞지 않은 직책이었다.

이 나라 저 나라를 떠돌아 다녀야 하는 자신의 처지를 비관한 백리해는 진나라로 가는 도중에 도망쳐서 초나라로 가버렸다. 초나라에서는 백리해에게 우마 돌보는 일을 맡겼다. 공주의 수행자 명단을 점검하던 진 목공은 추종관 한 명이 사라진 것을 발견했다. 도망친 추종관 백리해가 걸출한 인재이며, 그가 초나라에서 우마를 기르며 살고 있다는 것을 알게 된 목공은 가죽 다섯 장을 초나라에 보내어 말했다.

"도망친 추종관의 죄를 묻고자 합니다. 가죽 다섯 장을 드리니 백리해를 잡아 보내주시기 바랍니다."

초나라에서는 백리해를 대수롭지 않게 생각했기에 가죽을 받고 보내주었다. 그 후 백리해는 '가죽 다섯 장(五羖)에 팔려온 사람'이라는 뜻으로 오고대부라고 불렸다. 백리해는 목공에게 등용되자 탁월한 능력을 발휘하여 목공을 보좌하고 백성을 보살폈다. 백리해를 기용한 목공은 일약 춘추시대의 패자로 부상하였다.

백리해는 높은 벼슬을 했지만 좀처럼 수레를 타지 않았으며, 더워도 가마에 지붕을 덮지 않았다. 백성들은 백리해를 따르며 존경했다. 훗날 백리해가 죽자 백성들은 자기 어버이를 잃은 것처럼 슬퍼했다.

이 고사는 사마천의 《사기》 '진본기秦本紀'를 비롯해 여러 문헌에 소개되어 있다. 백리해가 죽자 슬퍼한 백성들이 눈물을 흘리고, 아이들은 노래를 부르지 않았다. 심지어 방아를 찧을 때도 방아타령을 부르지 않았다고 한다. 이러한 유래가 있었기에 심봉사는 '오고대부 죽은 후에 방아 소리 그쳤더니' 하고 노래했다.

교환은 생산이다

가죽 다섯 장과 교환해서 얻은 백리해는 목공에게 큰 도움이 되었다. 진나라가 교환을 통해서 큰 이득을 얻은 것이다. '생산'하면 사람들은 흔히 쌀농사, 자동차 제조 등을 떠올린다. 물론 농사와 자동차 제조는 전형적인 생산활동이다. 하지만 이것만이 생산인 것은 아니다. 사람의 편익을 증가시키는 모든 행위가 생산이다.

교환은 무엇인가를 바꾸어서 서로에게 편익이 생길 때 이뤄지며, 편익을 증대시킨다는 점에서 생산이다. 무역, 바자회, 선수 트레이드 등도 생산의 일종이다. 무역에서 얻는 이익이나 진나라가 가죽

고사성어로 보는 스토리 경제학

다섯 장을 주고 백리해를 얻어서 생긴 이득이 모두 교환을 통한 생산이다. 바자회는 쓸모없어서 집에 뒹굴고 있는 물건을 교환하게 함으로써 서로의 편익을 더해준다. 야구 시즌이 끝나면 겨울에 스토브리그stove league가 시작된다. 이 때 구단은 선수 트레이드에 나선다. 트레이드는 보내는 선수보다 데려오는 선수가 자기 구단에 도움이 된다고 판단할 때 성사된다. 트레이드 시장에는 "잘 바꾼 선수 하나, 열 신인 안 부럽다"라는 말이 있다. 교환으로 생산 잘 했다는 얘기다.

수송과 저장도 생산이다

교환이 생산인 것처럼 수송과 저장도 생산이다. 경상북도 안동에서는 매년 겨울에 장빙제라는 축제를 연다. 장빙藏氷이란 얼음을 저장하는 것을 말한다. 장빙제는 낙동강에서 얼음을 잘라내는 채빙採氷, 운반하는 운빙運氷, 저장하는 장빙 과정을 재현하는 행사이다. 조선시대 안동에서는 낙동강에서 얼음을 채취하여 빙고에 저장해 두었다가 지역 특산품인 은어를 조정에 진상할 때 사용했다. 겨울에 흔한 얼음을 저장해두면 여름에 수십 배 값의 얼음이 되었다. 얼음의 채빙, 운빙, 장빙은 각각 제조, 수송, 저장이라는 생산활동이다.

생산 : 인간의 효용 또는 편익을 증가시키는 모든 행위.

오고대부 五羖大夫 : 양가죽 다섯 장에 바꿔온 사람. (羖 : 검은 암양 고)

우공이산
愚公移山

노동
勞動

농부는 대개 아침에 눈을 뜨자마자 들에 나간다. 논밭을 한 바퀴 돌고 집에 들어서면 풋고추와 된장만으로도 아침밥이 꿀처럼 달다. 농작물은 농부의 보살핌으로 탈 없이 잘 자란다. 옛 어른들은 쌀미米 자를 파자破字해서 재치 있게 노동의 중요성을 가르쳤다. 미米 자를 분해하면 八, 十, 八 자로 나누어진다. 벼 낟알 하나를 얻기 위해서 여든여덟 번의 손길이 필요하다는 뜻이다.

우공이산

옛날 중국 북산에 아흔이 넘는 우공이 살고 있었다. 노인이 사는 곳은 두 개의 높은 산으로 북쪽이 막혀 있어서 나들이를 하려면 먼 길을 돌아서 다녀야 했다. 우공은 가족을 불러놓고 산을 깎아 길을 내자

고사성어로 보는 **스토리 경제학**

고 말했다. 처음에는 아내가 반대했지만 가족 모두가 찬성하고 산을 옮기는 일에 나섰다. 우공은 아들과 손자들을 데리고 돌을 깨고 흙을 파서 삼태기에 담아다 발해 쪽으로 가서 버렸다. 어느 날 이웃에 사는 노인이 비웃으며 말했다.

"왜 그리 어리석은 일을 하는가. 나이를 생각해 보게. 어떻게 산을 옮길 수 있겠는가?"

우공이 대답했다.

"나에게는 자식과 손자가 있다네. 손자는 또 자식을 낳아 대를 이을 것이고. 그러나 산은 한번 깎이면 더 생겨날 일이 없으니 결국에는 평평해지고 길이 나는 날이 오겠지."

이 말을 듣고 산을 지키는 뱀의 신이 놀랐다. 그는 옥황상제에게 우공의 산 옮기는 일을 중지시켜달라고 호소했다. 하지만 우공의 끈기에 감동한 옥황상제는 힘이 센 사람을 보내어 두 산을 업어서 옮겨 주었다.

전국시대 열어구列禦寇,《열자》'탕문湯問'에 나오는 우화다. 이 이야기에서 '우공이산愚公移山'이라는 말이 나왔다. 우직하게 산을 옮기려(移山) 했다는 이 설화는 마오쩌둥이 즐겨 인용했다고 한다. 우공이산은 노동의 중요성을 깨우치면서 어떤 일이든 꾸준히 노력하면 이룬다는 것을 말해준다.

노동

생산의 3요소는 노동, 자본, 토지다. 이 중 노동에 대해 생각해보자. 농부가 논밭을 돌보고 노동자가 자동차를 만드는 일을 노동이라고 한다. 국어사전을 찾아보면 노동에 대한 뜻풀이가 두 가지로 설명되어 있다. 하나는 '몸을 움직여 일을 하는 것'이라는 설명이고, 다른 하나는 '사회의 유지에 필수적인 생산활동을 가리키는 경제학 및 사회학의 용어'라는 설명이다. 그 외에 '생활에 필요한 물자를 얻기 위한 의식적 행위'라는 설명도 있다.

경제학의 관점에서 볼 때 노동이란 재화와 서비스를 생산하는 활동이다. 인간의 삶을 유지하기 위해 필요한 재화와 서비스는 노동을 통해서 생산된다. 그런데 산업화의 진행으로 대량 생산, 대량 소비 시대에 진입하면서 노동의 가치가 자본의 효율성에 밀려 소홀히 취급되고 있다. 자본에 비해 노동의 효율이 떨어지는 것은 어느 누구도 부인할 수 없다. 그렇다고 노동의 가치를 과소평가 한다면 잘못이다. 상품에 따라 정도가 다르기는 하지만, 어떤 상품은 자본이 없어도 생산이 가능하다. 그러나 노동 없이는 한 단위의 상품도 생산할 수 없다. 대부분의 가계는 노동을 통해 소득을 얻고, 그 소득으로 생계를 이어간다. 산업화의 진행 속에 상대적 비중은 작아졌지만 노동은 여전히 중요한 생산요소다.

동양권 문화는 전통적으로 노동을 천한 일로 생각해 왔다. 우리나라도 예외가 아니어서 노동을 천시했다. 그러한 풍조 속에서 정약용

같은 이는 일찌감치 노동의 중요성을 간파하고 강조했다. 정약용은 양반의 비생산적인 생활을 비판하면서, 인간은 누구나 예외 없이 노동하며 살아야 한다는 만민개로萬民皆勞 원칙을 주장했다.[4] 그는 놀고먹는 선비를 농공상에 종사시켜야 한다는 파격적인 주장을 내놓았다. 성경에도 일하기 싫으면 먹지도 말라는 구절이 나온다. 경제적인 이유를 떠나서, 사람은 일과 놀이를 적절히 조화시킬 때 그 삶이 윤택해지고 정신적으로 육체적으로 건강해진다.

노동으로 거칠어진 테레사 수녀님의 손은 아름답다.

노동: 생활에 필요한 물자를 얻기 위한 의식적 행위.

만민개로萬民皆勞: 사람은 모두 근로에 종사해야 한디는 원칙.

우공이산愚公移山: 우공이 산을 옮기다.

(愚: 어리석을 우, 公: 귀인 공, 移: 옮길 이, 山: 뫼 산)

천금매골
千金買骨

효율성
임금

진시황의 천하통일은 진나라 대대로 내려온 인재 등용의 결과라고 볼 수 있다. 특히 목공은 오고대부 백리해를 기용하여 강국의 기틀을 마련했다. 삼국시대 유비는 삼고초려 끝에 제갈량을 영입하여 막강한 조조, 손권에 맞서 천하를 삼분했다. 오吳의 손권도 노숙, 주유, 육손을 기용하여 서쪽으로는 촉을 견제하고 북으로는 위와 겨루었다. 재능 위주로 사람을 쓴 조조는 사마의, 순욱, 곽가, 순유 등을 기용하여 위魏를 삼국 중 가장 강성한 나라로 키워냈다. 난세일수록 지도자는 인재를 구하는 일에 열심이었다.

천금매골 千金買骨

전국시대 연燕나라는 제齊와 진秦, 그리고 초楚나라에 비해 약소국이었다. 제나라는 자주 국경을 넘어 들어와서 농토와 성을 빼앗곤 했다. 연의 소왕은 국력을 증강하고 잃은 땅을 되찾기 위해 널리 인재를 구했다.

소왕이 인재를 구할 방안을 묻자 곽외가 말했다.

"어떤 왕이 1천금을 걸고 천리마를 구했지만 3년이 넘도록 구하지 못했습니다. 그 때 궁중에서 부리는 자 하나가 자기가 천리마를 구해 오겠다고 했습니다. 왕이 그를 보냈더니 석 달 만에 천리마를 구해 왔습니다. 하지만 구해 온 것은 죽은 말의 머리였고, 오백 금이나 주고 사온 것이었습니다. 왕이 죽은 말을 비싸게 사왔다고 화를 내자 그 자가 말했습니다. '왕이시여, 죽은 말도 오백 금이나 주고 사왔다는 소식을 사람들이 들으면 살아 있는 말에는 더 높은 값을 주리라고 생각할 것입니다. 곧 명마를 가진 자들이 몰려들 것입니다.' 왕은 그 말을 옳게 여겨 용서해 주었습니다. 그 후 왕은 1년이 넘지 않아 명마를 세 필이나 구하게 되었습니다."

이 이야기를 들려주며 곽외가 덧붙였다.

"주군께서 우수한 인재를 원하신다면 먼저 이 사람 외부터 발탁하십시오. 저처럼 보잘것없는 사람을 기용했다는 소문이 나면 천하의 인재들이 다투어 몰려들 것입니다."

소왕은 곽외를 등용하여 스승으로 삼고, 황금대를 세워 금을 채워두고 인재를 대접했다. 소문이 퍼지자 천하의 인재가 연나라에 모여

들었다. 이중에는 위나라에서 온 악의 장군도 있었다. 소왕은 몰려든 인재를 등용하여 국력을 증강하고, 제나라에 쳐들어가 빼앗겼던 성을 되찾았을 뿐만 아니라 제나라의 70여 성을 점령하였다.

한나라 유향劉向이 저술한 《전국책》의 '연책燕策'에 나오는 이 고사에서 '천금매골'이라는 사자성어가 나왔다. 천금매골이란 천금千金을 주고 죽은 말의 뼈(骨)를 샀다(買)는 뜻이니 그만큼 천리마를 귀히 여겼다는 것을 의미한다. 이 고사에서 '선시어외先始於隗'라는 성어도 나왔다. 선시어외란 곽외가 소왕에게 덧붙여 한 말, "인재를 구하고 싶으면 먼저(先始) 이 사람 외隗부터 기용하십시오."를 한자 성어로 나타낸 것이다.

효율성 임금

미국의 자동차 왕으로 불리는 헨리 포드H. Ford는 1903년에 자동차 회사를 설립하였다. 설립한 지 10년 정도 되자 자동차 생산이 본 궤도에 올라섰다. 이 즈음 포드 자동차회사에서 가장 성공적인 모델로 평가받는 T형 자동차가 생산되었다. 포드는 사원의 임금을 파격적으로 인상하는 조치를 단행했다. 당시 근로자 평균 일당의 2배 수준인 5달러를 지급한 것이다. 포드의 과감한 임금 인상은 회사에 큰 성공을 가져다주었다. 사기가 오른 직원의 애사심으로 생산성이 대폭 향상되었고, 소득이 오른 직원은 포드 자동차의 구매자가 되어

주었다. 포드는 입버릇처럼 "T형 자동차를 생산하는 사람이 T형 자동차를 사기 바란다."라고 말했다 한다. 그리고 그 꿈이 이루어졌다. 선순환이 일어난 것이다.

포드가 지급한 파격적으로 높은 임금은 일종의 효율성 임금이다. 효율성 임금이란 평균보다 훨씬 높은 임금을 말한다. 효율성 임금은 근로자의 생산성을 향상시키고 자긍심을 고취하며, 기업에 대한 충성심을 유도한다. 선정된 특정 집단의 근로자에게 효율성 임금을 지급하면 다른 집단도 같은 대우를 받기 위해 적극 노력한다. 즉 주위에 동기를 유발시키는 선시어외 효과도 일어난다. 효율성 임금은 회사의 이직률을 낮추며, 이직률이 낮아지면 신입 사원 선발과 훈련에 들어가는 비용이 절감되는 효과도 생긴다.

단, 효율성 임금제는 혜택을 받지 못하는 일반의 다른 근로자에게 가야 할 몫을 상대적으로 감소시켜서 노노갈등을 유발하거나 근무해이의 핑계를 줄 수 있다.

인적자본

싱가포르와 홍콩은 토지나 생산시설 등 물적 생산요소가 거의 없지만 국민소득 수준이 높다. 인적자본이 우수하고, 소프트웨어를 비롯한 무형의 생산요소를 잘 이용하기 때문이다. 인적자본이란 교육투자를 통해 문제 해결 능력이 높아진 인력을 말한다.

인적자본을 양성하는 데는 지속적인 투자가 있어야 한다. 노르웨이, 스웨덴, 핀란드 등 북유럽 국가에서는 대학 교육이 무료일 뿐만 아니라 학생에게 재학 기간의 생활비를 지원해 준다. 전문적 식견을 가진 지도자를 양성하기 위해서다. 사실 북유럽 각국에서는 고등학교만 졸업해도 충분히 취업할 수 있다. 그래도 국가와 민족의 지도자가 되기 위해 젊은이가 대학에 진학한다면 이 비용을 국가가 지원해야 한다는 취지다. 1992년 노벨경제학상 수상자인 게리 베커Gary S. Becker 교수는 "교육이나 훈련에 의한 개인의 투자는 기계나 공장에 대한 기업의 투자와 동일하다."라고 말했다. 북유럽 국가들은 사람에 투자를 한 것이다.

막대기로 지시나 한다면

곽외는 소왕에게 인재 발굴책을 말하면서 다음과 같이 덧붙였다.

"예를 다하여 상대방을 받들고 겸손한 자세로 가르침을 청하면 자신보다 훌륭한 인재가 모여듭니다. 하지만, 좌석에 기대 앉아 막대기로 지시나 한다면 소인배만이 몰려들 것이며, 억압으로 대한다면 노예나 모여들 것입니다."

인적자본: 교육 투자를 통해 문제 해결 능력이 높아진 인력.

효율성 임금: 생산성을 고취하기 위해 지급하는 높은 임금.

천금매골千金買骨: 천금을 주고 뼈를 사다.

(千金: 천금의 돈, 買: 살 매, 骨: 뼈 골)

고사성어로 보는 스토리 경제학

경자유전
耕者有田

토지
土地

　국제 원유가격이 계속 올라가자 세계 각국이 바이오 에탄올bio-ethanol 등의 대체 에너지 생산에 나섰다. 바이오 에탄올 추출 원료로는 주로 옥수수와 사탕수수가 쓰인다. 곡물이 대량으로 대체 연료 생산 원료로 이용되자 이번에는 곡물 값이 뛰어올랐다. 원유가격이 오르는 것과 곡물가격이 오르는 것 중 어느 것이 더 무서울까? 사람이 살아가는 데는 석유도 필요하고 곡물도 필요하다. 그런데 석유와 곡물은 이용되는 방식과 그 필요의 정도가 다르다. 석유는 사람의 생존에 직결되는 것은 아니다. 전기나 천연가스 등 다양한 대체재가 존재한다. 반면 곡물은 사람의 생존과 직결되는 상품일 뿐만 아니라 대체재가 없다. 곡물이 없으면 생존이 불가능하다. 흉년이 들거나 전쟁이 일어나면 곡물 가격이 천장 높은 줄 모르고 뛰어오르고,

심지어 돈을 주고도 구입이 어려워지는 때도 있다. 식량 확보는 인류의 생존에 필수적이다.

식량 자급

세계 각국의 식량 조달 방식을 보면 직접 생산하는 나라도 있고 수입에 의존하는 나라도 있다. 식량을 수입에 의존하는 경우, 국제 평화가 지속되고 곡물 무역이 순조롭게 이루어지면 별 문제가 없다. 하지만 전쟁 등의 이유로 식량을 수입할 수 없는 상황이 되면 당장 생존 문제에 부딪치게 된다. 일반 상품은 몰라도 식량을 외국에 의존하다가는 나라가 생존 문제에 빠질 수 있다.

제1차 세계대전이 발생할 즈음 유럽 대부분의 공업국은 호주와 미국에서 값싼 밀을 수입해 식량으로 사용하고 있었다. 전쟁이 시작되고 독일군이 곡물을 수송하는 선박을 계속 격침시키자 유럽 각국은 극심한 식량 부족에 시달렸다. 전쟁을 겪는 동안 식량 자급의 중요성을 깨달은 유럽 제국은 종전 후 농지를 확보하고 관개시설을 개량하는 등 식량자급 정책을 펴기 시작했다.

1930년대 세계 경제대공황 때 미국 남부의 농업지역이 가장 극심한 타격을 받은 것은 유럽의 식량 자급정책과 관계가 있다. 약 10여 년의 노력 끝에 유럽 지역의 식량 증산 노력이 상당한 결실을 맺자 그 여파로 미국의 식량 수출이 감소한 것이다.

어쨌든, 다른 상품은 몰라도 주곡이 되는 식량만은 일정 정도의 자급 능력을 갖추어 둘 필요가 있다. 우리나라 식량 자급률은 30% 내외로 OECD 국가 중 최하위에 속한다. 식량은 그 생산에 계절성이 있기 때문에 한번 생산되면 추가 공급은 다음 해까지 기다려야 이루어진다. 이러한 특성 때문에 식량은 공급량이 조금만 변해도 가격이 크게 널뛰기를 한다. 1970년대 초에 세계 곡물 생산량이 약 3% 감소한 적이 있다. 그러자 쌀값은 300% 이상, 밀값은 200% 이상 뛰어올랐다.

경자유전

곡물 생산에 가장 중요한 생산요소는 토지다. 농경 중심의 옛날에는 생산의 3요소 중 토지가 가장 주요한 생산요소였다. 일반 상품은 비교적 좁은 공간에서 생산이 가능하고, 특히 서비스는 물리적 공간이 없어도 생산이 가능하다. 그러나 곡물을 생산하려면 반드시 적정한 넓이의 토지가 있어야 한다. 이러한 배경으로 우리나라에는 경자유전耕者有田 원칙이 확립되어왔다. 경자유전 원칙이란 농지는 농사짓는 사람이 소유해야 한다는 원칙을 말한다. 다산 정약용은 일찍이 농지는 오로지 농사짓는 농민에게만 배분해야 한다고 주장했다. 그 이유는 노동을 하지 않는 사람에게 농지를 배분하는 것은 결국 놀고먹는 것을 가르치는 결과를 가져오기 때문이다. 다산은 농민에게만 토지를 배분하면 소작제도를 폐지할 수 있다고 주장했다.[5]

이러한 경자유전 정신은 오늘날에도 이어지고 있다. 우리나라 헌법 제121조 1항을 보면 다음과 같다. "국가는 농지에 관하여 경자유전의 원칙이 달성될 수 있도록 노력하여야 하며, 농지의 소작제도는 금지된다." 헌법에 경자유전 원칙을 명문화 한 것이다. 또 농지법 제6조 1항은 자기의 농업 경영에 이용하거나 이용할 자가 아니면 농지를 소유할 수 없도록 규정하고 있다. 농지의 소유 자격을 원칙적으로 농업인과 농업법인으로 제한한 것이다. 경자유전 원칙의 현대적 의미는 농민 아닌 사람이 투기 목적으로 농지를 소유하는 것을 방지하는 것이다. 이 조항에 대해서 찬반 논란이 있지만, 농지란 농사짓는 사람이 소유해야 한다는 큰 원칙은 사회적 합의가 이루어져 있다.

전 세계적으로 식량생산 부족 현상이 지속되는 가운데 주요 식량수출국들은 언제든지 식량 수출을 통제함으로써 식량을 무기화할 수 있다. 이러한 국제적 상황에 비추어 볼 때 농지의 중요성은 더욱 비중을 더해 간다. 토지를 투기나 재산 증식의 대상이 아니라 국민의 생명을 살리는 식량 생산의 요소로 바라보는 우리나라 헌법의 경자유전 정신은 타당하다.

경자유전耕者有田 : 농지는 농사를 짓는 사람이 소유해야 한다.

보거상의
輔車相依

보완적
생산 관계

　춘추시대 진晉의 헌공이 괵虢나라를 욕심냈다. 진이 괵을 치려면 군대가 우虞나라를 통과해야 했다. 대부 순식이 우에 천리마와 옥을 보내서 길을 빌린 다음 괵을 치자는 안을 내놓았다. 보물이 아까워서 주저하던 헌공은 "괵을 치고 돌아오는 길에 우도 쳐서 보물을 다시 손에 넣자."는 순식의 말에 두 나라를 모두 치기로 결심했다.

　진이 우에 보물과 함께 순식을 보내어 "괵을 칠 길을 빌려주시면 괵에서 얻는 재보의 절반을 드리겠습니다." 하고 제안했다. 진이 괵을 치는 길을 내달라고 했다는 말을 들은 대부 궁지기가 입궐하여 우공에게 말했다. "괵은 우리의 울타리와 같습니다. 괵이 망하면 우리도 망할 것입니다. 진에 길을 내줘서는 안 됩니다. 속담에 '수레의 덧방나무와 바퀴는 서로 의지하고(輔車相依), 입술이 없으면 이가 시리다(脣亡齒寒)'고 했습니다. 이는 바로 괵과 우리를 두고 한 말입니다."

하지만 보물에 욕심이 난 우공은 궁지기의 말을 듣지 않고 길을 내주었다. 길을 빌린 진나라 군사는 괵을 치고 돌아오는 길에 우마저 점령해 버렸다. 나라를 잃은 우공은 진에 포로로 잡혀갔다. 포로 중에는 나중에 오고대부라고 불린 백리해도 있었다.

좌구명左丘明의 《춘추좌씨전》에 나오는 이야기다. 이 고사에서 '보거상의輔車相依'와 '순망치한脣亡齒寒'이라는 사자성어가 나왔다. 보거상의란 수레의 덧방나무(輔)와 바퀴(車)가 서로(相) 의지(依)하는 것을 뜻한다. 덧방나무는 수레의 양쪽 가장자리에 덧대는 나무로 수레의 기본 골격을 이루는 뼈대이다. 수레는 덧방나무와 바퀴가 서로 도와야 짐을 운반할 수 있다. 순망치한은 입술이 없어지면 이가 시리다는 뜻이다.

한편 이 고사에서 '가도멸괵假道滅虢'이라는 사자성어도 나왔다. 가도멸괵이란 길을 빌려(假道) 괵을 멸망(滅虢)시킨 일을 말한다. 임진왜란 때 일본은 조선에 명을 치러가는 길을 내놓으라고 했다. 그런 경우에 가도멸괵이라는 말을 쓴다.

생산요소의 보완성

두 종류 이상의 상품을 소비하면 상품 간에 대체성 또는 보완성

고사성어로 보는 **스토리 경제학**

이 있다는 것을 '수어지교'에서 설명하였다. 생산 과정에도 투입되는 생산요소 사이에 대체 또는 보완 관계가 있다. 노동자 대신 기계를 투입하는 대체 관계, 또는 노동자와 기계가 짝을 지어 생산하는 보완 관계가 있다. 이 중 보완 관계에 대해 알아보자.

산업혁명이 진행되던 1811년 영국에서 기계파괴운동이 일어났다. 당시 영국의 산업은 수공업 단계에서 공장제 공업으로 진입하는 중이었다. 이 과정에 방적기 등 기계가 발명되었으며, 기계 한 대가 노동자 수백 명분의 일을 해냈다. 기계의 등장으로 노동자들이 일자리에서 밀려나기 시작했다. 이에 노동자들이 자기들을 몰아낸 기계를 파괴하기 시작했다. 이를 기계파괴운동, 또는 주동자의 이름을 따서 러다이트Luddite 운동이라고 한다. 기계파괴운동은 자기모순 때문에 실패로 돌아갔다. 기계와 노동 사이에는 대체 관계만 있는 것이 아니라 보완 관계도 있다는 것을 노동자들이 간과한 것이다. 공장에서 기계를 빼내면 생산성이 현저히 낮아진다. 기업은 노동자의 임금을 깎거나 해고하는 수밖에 없다. 기계를 몰아내면 결국 노동자도 설 자리가 없어진다. 노동과 자본은 수레의 덧방나무와 바퀴처럼 서로 도와야 생산이 원활하게 이뤄진다.

홍콩과 중국

1980년 중국의 지도자 덩샤오핑鄧小平은 중국 동남부의 선전(深圳)을 비롯한 4곳을 경제특별구로 지정하였다. 중국 본토에 자본주의를 도입하여 해외 자본이 자유롭게 들어와 투자하고, 투자로 번 돈을 자유로이 가져가게 한 것이다. 이 조치는 큰 성공을 거두었다. 짧은 기간에 경제가 발달하면서 선전 시는 현대적인 공업도시로 변하였다.

중국 본토에 자본주의가 정착하고 외국 투자가 이어지자 인근에 있는 홍콩 사람들이 놀랐다. 당시 홍콩은 영국의 관할로 자본주의 경제의 혜택을 누리고 있었지만 얼마 안 있으면 중국에 반환하게 되어 있었다. 홍콩에 거주하는 자본가는 사회주의국인 중국에 반환되는 것을 두려워하였다. 대부분 자본주와 기업은 캐나다 등지로 떠날 채비를 하고 있었다. 그런데 인접한 중국 본토에 있는 선전에서 자본주의가 성공하고, 외국 자본이 마음대로 드나들면서 돈을 벌어 본국에 송금하는 모습이 보였다. 홍콩에서 누리는 자본주의를 중국 안에서도 누릴 수 있다는 것을 경제특별구가 보여준 것이다. 덕분에 대부분의 자본과 기업은 홍콩을 떠나지 않았다.

선전을 경제특별구로 지정한 이 조치는 덩샤오핑의 앞을 내다보는 안목에서 이루어진 일이다. 덩샤오핑은 홍콩이 중국에 반환되면 자본주의 기업이 밖으로 빠져 나가리라 예상했다. 그렇게 된다면 반환된 홍콩은 빈껍데기에 불과할 것이다. 이에 덩샤오핑은 홍콩의 자본을 안심시킬 조치를 강구했고, 그 조치가 바로 경제특별구 지정이었다. 인근에 있는 선전을 택하여 미리 자본주의를 실험하고, 홍콩의 자본과 기업을 안심시킨 것이다. 중국에 반환된 뒤에도 홍콩은 동남아에서 가장 활기차게 번영하고 있다.

南 자본 北 자원의 보거상의

홍콩의 자본주의 경제와 중국 사회주의 경제 접합의 성공은 우리에게 한반도 분단 문제를 풀고 통일로 가는 실마리를 제공하는 사례이다. 국내외 한반도 통일 연구자나 기관은 표현의 차이는 있지만 한반도가 '중국-홍콩 식 일국양제 방식'으로 통합되리라 예상한다. 한반도 남쪽에는 자본과 기술력이 풍부하고, 북쪽에는 노동과 부존자원이 풍부하다. 보완 관계인 이들 생산요소를 잘 이용하면 한반도의 생산성이 크게 좋아질 것이다. 남의 자본과 북의 노동이 결합된 보완적 생산 관계를 잘 보여주는 곳이 바로 개성공단이다. 개성공단은 남북의 불신을 해소하고 심리적 거리를 좁혀주는 촉매제로 한반도에 투자하고 싶어도 분단 상황이 주는 위험 때문에 망설이는 외국 자본을 안심시키는 역할도 한다. 직접적인 편익 외에 이로운 외부효과도 가져다준다는 얘기다.

보완적 생산 관계 : 생산요소 간 대체가 어려운 생산 관계.

보거상의輔車相依: 수레의 덧방나무와 바퀴가 서로 의지함.

(輔 : 도울 보, 車 : 수레 거, 相 : 서로 상, 依 : 의지할 의)

순망치한脣亡齒寒 : 입술이 없으면 이가 시리다.

가도멸괵假道滅虢 : 길을 빌려 괵을 멸망시키다.

기회
비용

중국에는 '격옹도擊甕圖'라는 민화가 널리 알려져 있다. 우표의 도 안으로 사용될 정도로 인기 있는 격옹도에는 어느 그림에나 어린이 가 항아리(甕)를 깨뜨리는(擊) 장면이 등장한다.

유명 여류화가 곽모희가 그린 '소아격옹도'에도 커다란 항아리가 깨져서 물이 흘러나오는데 물속에 어린아이가 보인다. 옆에는 자그 마한 소년이 항아리에서 빠져나오는 어린아이를 반기고 있다. 왼쪽 부분에는 '사마광파항司馬光破缸'이라는 제목이 있다. 사마광이 항아 리(缸)를 깨뜨렸다(破)는 뜻이다. 북송 시대의 학자이자 정치가인 사 마광이 어려서 동네 항아리를 깨고 다니는 개구쟁이였을까?

사마광이 어렸을 때 친구들과 함께 정원에서 놀고 있었다. 정원의 가산 옆에는 물이 가득 찬 커다란 항아리가 있었다. 가산 위에서 놀던 한 아이가 항아리 속으로 빠져 허우적거렸다. 비명 소리를 듣고 달려온 어른들이 사다리와 밧줄을 챙겨 아이를 구하려 했지만 여의치 않았다. 이때 사마광이 커다란 돌멩이 하나를 들어 항아리를 향해 던졌다. 항아리가 깨지자 물이 흘러나왔고, 항아리에 빠진 친구를 구할 수 있었다.

모든 이들이 우왕좌왕할 때 사마광은 돌로 항아리를 깨뜨려 아이를 구했다. 사마광의 이 일화를 '염일방일拈一放一'이라고 한다. 염일방일에서 염拈은 '집을 염' 자이고, 방放은 '놓을 방' 자이다. '염일'은 하나를 집는 것, '방일'은 하나를 놓는 것을 의미한다. 염일방일은 어느 한 가지를 얻기 위해서는 다른 한 가지를 놓아 주어야 한다는 것을 의미한다.

항아리가 아깝지만

경제행위란 선택의 연속이다. 하나의 '선택'에는 반드시 다른 하나의 '포기'라는 비용이 발생한다. 어린아이의 생명을 구하기 위해서 항아리를 깨뜨려야 하듯이 선택에는 치러야 할 비용이 따른다.

연봉 4천만 원을 받고 있는 아들이 다니던 직장을 그만두고 로스쿨에 진학하겠다고 한다. 어머니가 묻는다.

"로스쿨에 다니려면 비용이 얼마나 들겠니?"

"등록금으로 3년 간 5천만 원, 생활비와 교재 값이 5천만 원 해서 1억 원 정도 들어갑니다. 그 정도는 모아놓았어요."

"얘야, 그것만 비용이냐? 직장에 그대로 나가면 3년 동안 얼마를 벌어들일 텐데, 그 봉급 못 받는 것은 생각 안 하니?"

단순히 생각하면 로스쿨에 다니는 비용이 1억 원인 것 같지만 그렇지 않다. 로스쿨에 진학하기 위해 직장을 그만두면 연 4천만 원의 소득을 얻을 수 있는 기회를 포기하게 된다. 즉 3년 간 1억 2천만 원의 소득 상실이라는 비용이 발생한다. 소득 상실도 결과적으로 비용인 이상 로스쿨 진학에 따르는 전체 비용은 2억 2천만 원이다.

기회비용

유명 연예인이 전업주부로 가사노동을 하면 비용이 많이 들어간다. 이 말은 얼핏 생각하면 틀린 것처럼 보인다. 그런데 그 말이 맞다. 그 비용은 집안일을 하느라고 연예 활동으로 벌어들일 수 있는 소득을 포기한 만큼이다. 그녀가 아무리 살림 솜씨가 뛰어나더라도 밖에서 연예 활동으로 벌어들일 수 있는 소득은 가사노동의 화폐가치보다 훨씬 크다. 가사 노동을 하느라고 밖에서 큰 소득을 올릴 수 있는 기회를 상실하는 것, 그것이 비용이다.

한정된 자원을 어떤 용도에 사용하면 그 이외 다른 용도에의 사용이 포기된다. 어떤 하나를 선택할 때, 그 선택으로 인해 포기해야 하는 것의 가치를 기회비용이라고 한다. 로스쿨 지망생은 직장에서의 수입을 포기해야 하며, 그것이 기회비용이다. 선택 행위를 하면 기회비용이 발생한다. 기회비용은 눈에 잘 보이지 않는다.

기회비용을 논할 때 빠질 수 없는 것이 한반도 분단비용이다.

한반도 분단비용

마침 평창 동계올림픽을 계기로 남북 정상회담과 북미회담이 열리면서 통일비용에 대한 관심이 다시 높아지고 있다. 한반도 분단과 통일은 통일비용 뿐만 아니라 분단비용, 통일편익과 밀접한 관계가 있다.

우선 기회비용 성격인 분단비용에 대해 알아보자. 분단비용은 한반도 분단을 인해 유형, 무형으로 부담하는 비용이다. 유형 비용으로는 과도한 군사비 지출, 외교비용, 대북 관련 기관 유지비 등이 있다. 무형 비용으로는 전쟁 가능성으로 인한 공포, 이산가족의 고통, 외국인 투자 기피, 상대국을 통과하는 교통의 제한, 체제 유지비 등이 있다. 사람들은 통일비용에 대해서는 어느 정도 알지만 분단비용에 대해서는 잘 모른다. 기회비용은 성격상 간과하기 쉬워서이다. 분단비용은 분단으로 인한 비용이기 때문에 통일이 되면 발생하지 않는다. 통일이 사라지는 분단비용 만큼의 편익을 가져다준다. 한편 통일비용은 남북 두 체제가 경제 통합을 이룬 뒤 양측의 경제 수준이 일정한 수준에 이르도록 투자해야 하는 비용이다. 통일편익은 시장의 확대, 남북한 경제의 보완성 증대, 중국, 러시아 등과의 교역 증대 및 물류비용 절감 효과 등이다.

통일은 분명 대박이다

한반도 통일에 대해 연구해 온 경제학자 신창민 교수는 한반도 분단비용이 과다 군비 지출과 과다 군 인력 유지 부분만 해도 해마다 남한 GDP의 4.4%에 이른다고 추정했다. 같은 연구에서 통일비용은 남한 GDP의 7%에 이르며, 통일편익은 11%의 경제성장이라고 추정했다. 통일이 되면 분단비용은 사라진다. 따라서 전체 통일편익은 15.4%에 달하게 된다. 전체 통일편익에서 7%의 통일비용을 제하면 8.4%의 순 통일편익이 남는다.[6] 신창민 교수가 '통일은 대박'이라고 주장한 데는 그만한 이유가 있다.

기회비용: 선택으로 인해 포기해야 하는 다른 것의 가치.

명시적 비용: 눈에 보이는 비용, 또는 장부에 기록되는 비용.

염일방일 拈一放一: 하나를 집기 위해서는 다른 하나를 놓아야 한다.

(拈: 집을 염, 一: 하나 일, 放: 놓을 방)

고사성어로 보는 스토리 경제학

매몰
비용

> 저 건너 일편석이 강태공의 조대로다
>
> 문왕은 어데 가고 빈 대만 남았는고
>
> 석양에 물차는 제비만 오락가락 하더라

이 글은 조선 중종 때 비운의 개혁 정치가인 정암 조광조 선생의 시조다. 조광조는 자신의 이상을 이해하는 군주를 만나지 못하고 누명을 쓴 채 죽고 말았다. 시조의 초장에 나오는 '강태공의 조대'란 강태공의 낚시터를 말한다. 강태공은 세월도 낚고 천하도 낚은 사람이다. 위수 가에서 낚시질을 하던 강태공은 자신을 알아주는 주인을 만나 주周나라 개국의 일등공신이 되었다. 주나라를 건국한 무왕의 부친이 낚시질하던 강태공을 발탁하여 뜻을 펼치게 한 것이다.

강태공은 주나라로부터 제齊 땅을 봉토로 받아 제후의 반열에 올랐다. 강태공에 대해서는 다음과 같은 이야기가 전한다.

젊은 시절에 강태공은 끼니조차 제대로 잇지 못하던 가난한 서생이었다. 강태공은 날마다 집에서 책과 씨름하면서 세월을 보내고 살림에 대해서는 관심이 없었다. 가난을 견디다 못한 아내는 친정으로 도망가 버렸다. 훗날 강태공이 출세한 뒤에 아내가 찾아와서 말했다.

"전에는 끼니를 잇지 못해 떠났지만, 이제 그런 걱정 안 해도 되기에 돌아왔습니다."

강태공은 물그릇을 들어 마당에 엎지른 다음 말했다.

"저 물을 주워서 그릇에 담으시오."

아내는 아무리 애를 써도 한번 엎질러진 물을 주워 담을 수 없었다. 이를 본 강태공이 말했다.

"복수불반이라는 말이 있듯이 한번 떠난 아내는 돌아올 수 없는 법이오."

사마천 《사기》의 '세가世家' 중 제태공齊太公에 나오는 이야기다. 강태공과 아내의 대화에서 사자성어 '복수불반覆水不返'이라는 말이 나왔다. 복수불반의 '복수覆水'는 엎질러진 물을, '불반不返'은 다시 담을 수 없음을 뜻한다. 이 성어는 한번 엎지른 물은 다시 담을 수 없듯이 다시 돌이킬 수 없는 일을 말할 때 쓰인다. 우리 속담 "엎질

고사성어로 보는 스토리 경제학

러진 물이다."라는 말과 쓰임새가 같다.

매몰비용

엎질러진 물처럼, 일단 지출한 후에 회수되지 않는 돈을 '매몰비용埋沒費用'이라고 한다. 도박에서 잃어버린 돈, 고철이 되어버린 시설비 등이 매몰비용이다. 매몰비용은 다시 회수할 수 없기에 포기해야 한다.

가령 다른 길로 가야 하는데도 그 동안의 노력과 시간이 아까워 돌이키지 못하는 상황을 그려볼 수 있다. 하지만 어떤 일에 사업성이 없다고 판단되면 중단하는 것이 합리적이다. 투입한 돈이 아깝다는 생각에 본전을 뽑겠다고 계속 덤비면 매몰비용이 더 증가한다. 그것은 마치 도박장에서 돈을 잃은 사람이 본전 생각에 도박을 계속하는 것과 같다.

콩코드의 오류 Concorde fallacy

영불 합작으로 추진했던 콩코드 사업은 매몰비용에 미련을 두다가 큰 손해를 본 사례이다. 영국과 프랑스는 1962년에 유럽과 아메리카를 한나절에 왕복할 수 있는 마하 2.2의 초음속 여객기 개발에 착수했다. 그런데 개발 과정에서 초음속 비행기의 소음 문제가 심각하고, 배기가스로 인한 환경오염이 우려되는 등 여러 가지 문제점이 드러났다. 더구나 초음속 비행을 위해서는 대량의 연료가 소요되는

데도 좌석 수는 적어서 수지 타산을 맞출 가능성이 전혀 없다는 점이 드러났다. 그렇다면 그 때 사업을 중단하는 것이 합리적이었으나 양국은 이미 들어간 비용이 아까워서 사업을 계속 밀어붙였고, 몇 년 후에 상업 운항을 개시했다. 하지만 예상했던 대로 운항을 계속할수록 손실은 커지기만 했다. 중도에 포기하면 기존 투자비를 날린다는 생각에 손해를 감수하고 계속 강행하다가 더 큰 손해를 본 것이다. 견디다 못한 콩코드 회사는 결국 드골 공항에서의 콩코드기 폭발 사고를 계기로 2003년부터 운항을 중지하고 말았다.

이미 들어간 비용에 대한 미련 때문에 잘못된 결정을 고치지 않고 그대로 밀고 나가는 현상을 매몰비용 효과라고 하는데, 특히 콩코드 사업이 그 특성을 잘 보여주었다고 해서 매몰비용 효과를 '콩코드의 오류'라고도 부른다. 콩코드 여객기는 경제학에 콩코드의 오류라는 용어를 남기고 역사 뒷전으로 사라졌다.

콩코드 사업은 매몰비용이 무엇이고, 매몰비용이 발생할 때 어떻게 대처해야 하는가를 보여주는 사례이자 반면교사反面教師이다.

실패에서 배우지 못하면 성공에서도 배우기 어려운 법이다.

매몰비용 : 이미 지출되어서 다시 회수할 수 없는 비용.

매몰비용 효과 : 매몰비용이 아까워서 잘못된 결정을 계속 밀고 나가는 행동.

콩코드의 오류 : 매몰비용 효과.

복수불반覆水不返 : 엎질러진 물은 다시 담을 수 없다.

(覆 : 엎을 복, 水 : 물 수, 不 : 아닐 불, 返 : 돌이킬 반)

고사성어로 보는 스토리 경제학

4

경제의 효율_
진진, 소양과 파레토최적을 논하다

줄탁동시啐啄同時: 시너지 효과

화사첨족畵蛇添足: 파레토최적

송무백열松茂栢悅: 산업연관 효과

다다익선多多益善: 대량생산의 법칙

장수선무 다전선고長袖善舞 多錢善賈: 규모의 경제

줄탁동시
啐啄同時

시너지
효과

김정원의 시 '줄탁啐啄'은 제목이 다소 생소하지만 책을 펴고 읽노라면 따뜻한 봄기운이 흘러넘친다. 시인은 생명이 알 속에서 '톡, 톡' 신호를 보내면 그 신호를 받아 어미가 부리로 '탁, 탁' 쪼아서 통로를 내주어 소통하고 부활한다고 노래하고 있다. 시의 제목 '줄탁'은 병아리가 알을 깨고 나오는 모습을 나타낸다.

닭이 알을 품기 시작해서 20일쯤 되면 알을 깨고 병아리가 나오기 시작한다. 알 속에서 병아리가 약한 부리로 껍질을 쪼면 어미 닭은 밖에서 껍질을 쪼아 준다. '줄啐'은 병아리가 안에서 알을 쪼는 것을, '탁啄'은 밖에서 어미 닭이 쪼는 것을 뜻한다.

'줄탁'이라는 말은 송나라 때 중현重顯의 《벽암록》에 나온다. 줄탁은 독립적으로 사용되는 것이 아니라 대개 '줄탁동시啐啄同時'라는

고사성어로 보는 스토리 경제학

사자성어로 사용된다. 줄탁啐啄이 동시同時에 이뤄지면 병아리가 쉽게 알을 깨고 나올 수 있다는 뜻이다.

시너지 효과

조선대학교 부속병원 앞마당에는 '啐啄同時'라는 글귀가 새겨진 석비가 있다. 의료진이 정성을 다해 진료하고 동시에 환자가 의지를 가지고 노력한다면 더 쉽게 질병을 극복할 수 있다는 메시지를 전하고 있다. 줄탁동시는 시너지 효과를 가져다준다. 시너지 효과란 두 종류 이상의 수단을 결합시킬 때 각 수단이 주는 효과의 산술적 합계보다 더 큰 종합 효과를 얻는 것을 말한다. 말하자면 2와 3을 더했는데 그 결과가 5보다 더 크게 나오는 경우이다.

요즈음 대부분의 연필 윗부분에는 지우개가 달려 있다. 그러나 1858년 하이먼 리프만Hymen Lipman이 등장하기 전에는 연필에 지우개가 붙어 있지 않았다. 글씨를 쓰다가 고칠 일이 있으면 지우개를 찾아다 지워야 했다. 이는 매우 불편한 일이었다. 그림을 그리던 하이먼도 틀린 부분을 지우려면 지우개를 찾느라 애를 먹곤 했다. 생각 끝에 하이먼은 지우개를 연필의 머리 부분에 고정시켜 보았다. 매우 편리했다. 지우개 달린 연필이 상품화 되자 인기를 끌며, 시장에서 날개 돋친 듯 팔렸다. 지우개와 연필이 결합하여 만든 시너지 효과를 소비자들이 인정해 준 것이다.

기술과 인문학

스티브 잡스Steve Jobs가 만든 아이폰은 스마트폰의 꽃이다. 평소에 스티브 잡스는 "기술만으로는 충분하지 않다. 인문학과 결혼해야 한다."고 말하곤 했다. 스티브 잡스가 이룬 기술혁신은 그의 인문학적 소양에서 나온 것으로 알려져 있다. 기술과 인문학의 결혼은 1+1이지만 자식을 낳기에 3이 된다. 스티브 잡스는 기술과 인문학을 접목시켜서 시너지 효과를 창출했다. 그 결과물이 아이폰이다.

아이폰 이전의 휴대전화기는 통화 기능을 주로 해서 몇 가지 단순한 부가 기능만 갖추고 있었다. 스티브 잡스는 휴대전화기에 오디오 플레이어, 인터넷 기능을 합친 아이폰을 세상에 내놓았다. 21세기 최고의 히트 상품이 나온 것이다. 아이폰이 나오자 세계 굴지의 이동통신 단말기 제조회사도 비슷한 기능을 가진 휴대전화기를 내놓았다. 이 전화기가 오늘날의 스마트폰이다. 인터넷이 주는 다양한 편익에다 카메라도 부착된 '손 안의 PC' 스마트폰은 시너지 효과의 산물이자 시너지 효과를 발휘하는 현대인의 필수품이다. 이들은 스티브 잡스가 선물한 시너지 효과를 향유하고 있다.

링겔만 효과

한편, 둘 이상의 수단을 결합시킬 때 반드시 시너지 효과가 발생하는 것은 아니다. 역逆 시너지 효과가 발생할 수도 있다. 역 시너지 효과는 2와 3을 더했는데 결과가 5보다 적게 나오는 경우를 말한다.

시너지 효과와 반대 현상이다.

링겔만 효과Ringelmann effect가 역 시너지 효과의 한 예이다. 링겔만은 수십 명 이상이 참가하는 줄다리기 경기를 분석하여 집단 속에 참여하는 개인의 수가 늘어갈수록 성과에 대한 1인당 공헌도가 떨어지는 현상을 발견했다. 참가자 수가 많을수록 줄을 당기는 힘이 참가자 개인 힘의 산술적 합계보다 작아지더라는 것이다. 어느 집단에 소속되는 사람의 수가 늘수록 개인이 내는 성과의 수준은 줄어드는 효과를 링겔만 효과라고 한다. 목수가 많으면 집이 기울어지고, 사공이 많으면 배가 산으로 간다는 말도 있다. 어느 조직이 시너지 효과를 낼 것인가 아니면 링겔만 효과를 낼 것인가는 그 조직 지도자의 역량과 리더십에 달려 있다.

시너지 효과 : 두 개체 합의 효과가 둘보다 많아지는 현상.

역 시너지 효과 : 두 개체 합의 효과가 둘보다 적어지는 현상.

링겔만 효과 : 참가자 수가 늘수록 개인이 내는 성과의 수준은 줄어드는 효과, 역 시너지 효과의 일종.

줄탁동시哗啄同時 : 안팎에서 동시에 빨고 쪼다.

(哗 : 빠는 소리 줄, 啄 : 쫄 탁, 同 : 한 가지 동, 時 : 때 시)

화사첨족
畫蛇添足

파레토
최적

춘추전국시대에 제후국을 넘나들며 세 치 혀로 국가 간 이해를 설파하고 치세를 논하던 사람을 세객說客이라 한다. 이들은 해박한 지식과 능란한 말솜씨로 상대방을 설득했다. 중국 역사상 유명한 세객으로는 합종책을 주장한 소진과 연횡책을 주장한 장의를 들 수 있다. 제齊나라에도 세객이 있었으니 진진이다.

전국시대 강국 초나라가 위나라를 쳐서 여러 성을 빼앗은 다음 제나라까지 공격하려 했다. 이 소식을 들은 제에서는 세객 진진을 초에 사자로 보냈다. 진진은 초나라의 총사령관인 영윤 소양을 찾아가서 초에서는 승전을 거둔 장수에게 어떤 상을 내리는가 물었다. 소양이 집규라고 대답하자 진진은 그보다 더 높은 벼슬이 있느냐고 다시 물었다. 소양이 대답했다.

"그 이상은 영윤밖에 없습니다."

초에서 최고의 벼슬이 영윤이라는 말을 듣자 진진은 말했다.

"어떤 술 마시는 자리가 있었습니다. 마침 술이 모자라자 뱀을 먼저 그리는 사람이 술을 마시기로 했습니다. 한 사람이 재빨리 뱀을 그린 다음 자기가 뱀의 발까지 그렸다며 술을 마시려고 했습니다. 그러자 다른 사람이 뱀에는 발이 없는데 발까지 그렸으니 그건 뱀이 아니라고 말하며 술을 마셔버렸습니다. 영윤께서는 위를 격파하고 다시 제를 치려고 하시는데, 이긴다고 하더라도 나라의 최고 벼슬인 영윤으로 계시는 분이 거기서 더 얻을 것이 무엇이며, 만에 하나 진다면 모든 것을 내놓아야 합니다. 이는 뱀을 그리고 다리까지 그리는 것과 다를 것이 무엇이겠습니까? 싸움을 중지하고 제나라에 은혜를 베푸시는 것이 좋을 것입니다."

이 말을 듣고 소양은 옳다 여겨 군대를 철수했다.

사마천《사기》'초세가楚世家'에 나오는 일화이다. 이 고사에서 '화사첨족畵蛇添足'이라는 사자성어가 나왔다. 화사첨족이란 뱀(蛇)에 다리(足)를 덧붙여(添) 그린다(畵)는 뜻이며, 이를 줄여 보통 사족蛇足이라고 쓴다. 굳이 하지 않아도 될 일을 쓸데없이 덧붙여 하다가 도리어 일을 그르치는 것을 사족이라고 한다. 화사첨족 고사는《전국책》'제책齊策'에도 나온다. 이야기의 내용은 초세가에 나오는 내용과 약간 다르나 화사첨족이라는 결론은 같다.

파레토최적

부존량이 한정된 자원을 이용할 때는 선택과 교환이 합리적이어야한다. 그렇다면 선택이나 교환 등의 경제행위를 계속할 때, 어느 상태에 다다르는 것이 좋을까? 이 질문의 대답으로 학자들은 '파레토최적'을 든다. 파레토최적이란 자원을 사용하는 양자가 교환을 통해 자원을 효율적으로 이용하고 있는 상태를 말한다. 즉 '타인에게 피해를 입히지 않고서는 어느 누구도 더 이상 잘 살게 할 수 없을 정도로 자원이 잘 이용되고 있는 상태'이다.

파레토최적은 파레토개선Pareto improvement 을 통해 달성된다. 파레토개선이란 교환을 통해 '다른 사람의 손해 없이 한 사람의 후생이 좋아지는 것'을 말한다. 파레토개선이 완전히 이루어지면 파레토최적이 달성된다. 파레토최적은 교환으로 달성할 수 있는 정점이다. 그 이상 교환이 진행되면 어느 한쪽이 손해를 입는다. 산꼭대기에 올랐는데도 더 이상 걸음을 옮기면 정상을 벗어나 오히려 내려가게 되는 이치다. 뱀을 그렸으면 됐지, 거기에 사족을 붙이면 최적 상태에서 벗어난다.

파레토최적이 달성되면 자원이 가장 효율적으로 이용된다. 그래서 파레토최적을 파레토효율이라고도 부른다. 파레토효율과 반대되는 개념이 파레토비효율이다. 파레토개선이 가능한 상태를 파레

고사성어로 보는 스토리 경제학

토비효율이라고 한다. 어떤 자원 이용 상태가 파레토비효율인 경우에는 다른 사람의 손해 없이 어느 한 사람에게 이득을 가져다주는 파레토개선이 가능하다.

한편 파레토최적은 완전경쟁시장에서 달성된다. 그러한 점이 우리 사회가 완전경쟁시장을 지향하는 이유이기도 하다.

공평 보장은 아니다

파레토 최적은 자원 이용의 효율성은 말해주지만 공평성을 보장해 주지는 않는다. 심지어 한 사람이 사회의 모든 자원을 독식할 때도 파레토최적이 달성될 수 있다. 파레토최적이 달성됐다고 해서 그 상태가 반드시 최선은 아니다. 효율성을 강조하다보면 공평성을 해칠 수 있다. 효율과 공평 사이에도 균형이 필요하다.

파레토최적: 타인에게 피해를 입히지 않고서는 더 이상 잘 살게 할 수 없을 정도로 자원이 잘 배분된 상태.

파레토개선: 교환을 통해서 다른 사람의 손해 없이 한 사람의 후생이 좋아지는 현상.

피레토비효율: 피레도기선의 여지가 남아있는 상태.

화사첨족 畵蛇添足 : 욕심을 내다 일을 망침.

(畵 : 그림 화, 蛇 : 뱀 사, 添 : 붙일 첨, 足 : 발 족)

산업연관
효과

소나무가 무성하면 잣나무가 기뻐하고

아하, 지초가 불에 타면 혜초가 탄식하네

이 시는 중국 서진西晉 시대 육기가 쓴 '탄서부嘆逝賦'의 일부이다. 이 시에서 '송무백열松茂栢悅'이라는 사자성어가 나왔다. '송무'는 소나무(松)가 무성함(茂)을, '백열'은 잣나무(栢)가 즐거워함(悅)을 뜻한다. 소나무가 무성하니 잣나무가 즐거워한다는 의미이다. 이웃이나 벗이 잘되는 것을 기뻐하는 것을 송무백열이라고 한다.

한편 이 시에서 '지분혜탄芝焚蕙歎'이라는 사자성어도 나왔다. 불이 나서 지초芝草가 타니(焚), 혜초蕙草가 탄식한다는 성어이다. 지분혜탄은 벗의 불행을 슬퍼한다는 뜻으로 쓰이며, 송무백열과 짝지어 사용된다. 옛 사람들은 지초와 난초蘭草를 친한 사이로 보았다. 벗 사이의 높고 맑은 사귐을 지초와 난초의 사귐과 같다고 해서 '지란지교芝蘭之交'라고 한다.

낙양지가귀

서진의 문인 좌사左思는 붓을 들면 수려한 문장력을 구사하는 재사였다. 그는 용모가 못생겼고 어려서부터 말을 더듬었기 때문에 사람들과의 접촉을 피하고 글 짓는 일에 몰두했다.

좌사가 십여 년 간 각고의 노력 끝에 '삼도부'를 써냈다. 삼도부는 삼국시대 위의 도읍인 업, 촉의 도읍인 성도, 그리고 오의 도읍인 건업의 풍물을 묘사한 글이었다. 글을 쓰는 동안 좌사는 집안 곳곳에 붓과 종이를 놓아두고서 좋은 구절이 떠오르면 그 자리에서 바로 써두곤 하였다. 그런데 그토록 고생해서 지은 글이지만 처음에는 삼도부를 알아주는 사람이 없었다. 심지어 당대의 유명한 문인으로 탄서부를 썼던 육기는 "웬 시골뜨기가 감히 삼도부를 쓴다는데, 완성되면 술도가니 덮는 종이로나 쓰이겠지." 하며 비웃었다는 말이 돌 정도였다.

좌사는 글을 들고 당시 재야의 석학인 황보밀을 찾아가 보이고 서문을 부탁했다. 황보밀은 좌사의 글을 읽고 감탄하며 기꺼이 서문을 써주었다. 어느 날 재상 장화가 좌사의 글을 읽게 되었다. 장화는 글의 구상과 유려한 필치를 보고 감탄하여 말했다.

"이 글은 반고나 장형의 글과 어깨를 나란히 할 만하다. 읽는 이에게 여운이 남게 해 주며 날이 가도 새로운 감명을 준다."

핀잔을 주던 육기도 삼도부를 읽어보고 감탄하여 시 짓는 일을 그만 두었다고 한다. 그 후 삼도부는 낙양의 화제가 되었고, 글에 관심이 있는 부호나 고관대작들이 종이를 사서 글을 베껴 쓰기 시작했다. 마침내 낙양에 종이가 부족해져서 값이 크게 올랐다.

방현령房玄齡의《진서》'문원전文苑傳' 좌사左思에 나오는 일화이다. 삼도부를 읽어본 재상 장화는 좌사를 반고와 장형에 비유하였다. 반고와 장형은 후한시대의 문장가이다. 반고는 한나라의 역사서인 '한서漢書'를 저술한 문호이고, 장형은 문필가이자 박학다식한 과학자였다. 장화는 좌사의 삼도부가 이미 문장가로 이름을 날린 반고, 장형과 어깨를 나란히 할 만한 명문장이라고 극찬한 것이다.

장화의 한 마디로 많은 이들이 삼도부를 베껴 쓰기 시작했고, 덕분에 낙양의 지가가 올랐다는 이 고사에서 '낙양지가귀洛陽紙價貴'라는 한자성어가 나왔다. 낙양지가귀란 낙양洛陽의 종이 값(紙價)이 올랐다(貴)는 뜻이다. 요즈음에는 어떤 책이 널리 읽혀 잘 팔리면 "낙양의 지가를 올렸다."고 말한다. 좋은 글이 나오니까 종이가 귀해지고 값이 오른 것이다. 삼도부 덕에 종이를 만드는 이나 종이를 파는 이들은 큰돈을 벌었을 것이다.

고사성어로 보는 스토리 경제학

산업연관 효과

좋은 글이 종이산업에 영향을 미치듯이 경제사회에서 한 산업은 다른 산업에 영향을 미친다. 한 경제체제 안에서 기업과 기업, 산업과 산업이 서로 영향을 주고받는 현상을 산업연관 효과라고 한다. 산업연관 효과는 전방효과와 후방효과 두 방향으로 나타난다.

전방효과는 어떤 산업이 발전하면 그 산업의 생산물을 사용하는 다른 산업도 같이 발전하게 되는 효과를 말한다. 자동차 생산 공업이 발달하면 자동차를 이용하는 다른 산업도 덩달아서 발달한다. 즉 운수산업, 관광산업, 자동차 서비스센터, 대중교통 등의 발달이 그 것이다. 후방효과는 어떤 산업이 발전하면 그 산업에 투입되는 중간재를 생산하는 다른 산업이 발전하게 되는 효과를 말한다. 자동차산업이 발달하면 우선 재료 산업인 철강산업이 발달한다. 철강산업이 발달하면 원료 산업인 철광석산업과 석탄산업도 발달하게 된다. 이 뿐만이 아니다. 자동차산업이 발달하면 타이어 산업, 유리 공업, 엔진을 만드는 동력장치산업이 발달하고, 자동차 공장 주위에는 수십 개의 부품 공장이 들어선다. 재료 산업, 원료 산업, 부품산업의 발달이 모두 후방효과에 속한다.

전방효과와 후방효과는 서로 연관성을 가지고 동시에 나타난다. 즉 자동차산업이 발달하면 운수산업과 철강산업이 동시에 발달한다. 전방과 후방이 같이 발달하는 것이다.

포항과 울산은 우리나라에서 철강산업과 자동차산업이 가져오는 산업연관 효과가 잘 나타나는 지역이다. 이 지역은 두 산업의 전방효과와 후방효과가 어우러지면서 지역소득 수준을 끌어올리고 있다. 지방자치단체들이 유리한 조건을 내걸어 기업을 유치하는 것은 산업연관 효과를 얻으려는 시도이다.

한편 산업연관 효과를 극대화시키려는 단지 조직을 클러스터cluster라고 한다. 클러스터 안에는 직접 생산을 담당하는 기업뿐만 아니라 연구개발 기능, 각종 지원 기능을 담당하는 기관이 한 곳에 모여 있어서 연관효과가 다양하게 나타난다. 우리나라의 클러스터로는 대덕 테크노 밸리, 테헤란 밸리 등이 있다. 세계적으로 유명한 클러스터는 실리콘 밸리이다. 실리콘 밸리는 그 지역 안에 들어와 있는 기업 상호간에 도움이 되었을 뿐만 아니라 지역경제를 활성화하고, 90년대 미국경제를 호황으로 이끌었다. 산업연관 효과가 전방 및 후방뿐만 아니라 사방팔방에 나타난 것이다.

산업연관 효과: 산업 간의 경제적 영향.

전방효과: 한 산업이 발전하면 그 생산물을 사용하는 산업도 발전하는 현상.

후방효과: 한 산업이 발전하면 부품산업도 같이 발전하는 현상.

송무백열 松茂栢悅: 소나무가 무성하면 잣나무가 즐거워한다.

(松 : 솔 송, 茂 : 무성할 무, 栢 : 잣 백, 悅 : 기쁠 열)

고사성어로 보는 **스토리 경제학**

다다익선
多多益善

대량생산의
법칙

유방의 한漢나라 개국을 도운 일등 공신으로는 장량, 소하, 한신이 있다. 유방은 세 사람 중 한신에 대해 한편으로는 의지하고 한편으로는 견제했다. 천하통일에 성공하자 유방은 한신의 병권을 빼앗고, 초왕에 봉해 지방으로 내려 보냈다. 초 땅에 내려간 한신은 항우의 부하 장수였던 종리매에게 은신처를 제공하고 보호했다. 항우가 망하자 옛 친구인 종리매가 한신에게 의탁해온 것이다. 유방은 적장을 보호했다는 죄목으로 한신을 체포하여 수도로 압송하였다.

하루는 유방과 한신 사이에 장졸들의 재능과 품계에 대해 이야기가 오갔다. 유방이 한신에게 물었다.

"나 같은 사람은 얼마나 되는 군대를 지휘할 수 있겠는가?"

"폐하께서는 10만의 군사를 지휘할 수 있습니다."

"그대는 얼마나 거느릴 수 있는가?"

"저에게는 많으면 많을수록 더욱 좋습니다(臣多多益善耳)."

유방이 그 대답을 듣고 웃으며 말했다.

"그렇다면 어찌해서 그대는 자기보다 못한 나의 포로로 잡혀와 있는가?"

"저는 병사를 거느리지만 폐하는 장수를 다스리는 분입니다. 이것이 바로 신이 폐하께 사로잡힌 까닭입니다. 폐하의 재능은 하늘이 주신 것으로, 사람의 힘으로는 미칠 바가 아닙니다."

사마천《사기》의 '회음후열전淮陰侯列傳'에 나오는 이야기다. 여기서 회음후란 한신이 강등된 후의 작위를 말한다. 한신이 "저에게는 많으면 많을수록 더욱 좋습니다."라고 한 말에서 '다다익선多多益善'이라는 사자성어가 나왔다. 다다익선에서 益(익)은 '더할 익'자이다. 다다익선은 많으면 많을수록 좋다는 뜻이다.

대량생산의 법칙

반도체 하면 연상되는 말은 가격 하락이다. 신문 기사나 방송 뉴스에는 반도체의 가격이 하락하고 있다는 소식이 자주 등장한다. 왜 반도체 가격은 늘 하락하는 것일까?

그 이유를 알아보기 위해 우선 1900년대 초의 포드 자동차 가격에 대해 알아보자. 자동차의 역사는 약 100년 정도이다. 포드는 1903년에 자동차회사를 설립했다. 포드자동차 회사는 설립 이후 몇 년 안에 1년에 1만 대 정도의 T형 차를 생산했다. 그 후 1910년대에 들어서서 제조 공정을 규격화하고 컨베이어 벨트를 이용한 조립라인 방식을 도입하자 연간 생산량이 100만대 이상으로 증가하였다. 대량생산으로 포드회사의 자동차 생산단가가 획기적으로 낮아졌다. 생산비가 하락하자 자동차는 싼값에 공급되었고 자동차 대중화시대를 열었다.

포드자동차의 예에서 보듯이 대량생산으로 생산비 평균이 낮아지는 현상을 '대량생산의 법칙'이라고 한다. 반도체 가격의 하락은 대개 기술발전에 따른 대량생산 때문에 일어난다. 반도체산업은 일정한 개발 기간, 대규모의 생산시설이 소요되는 산업이다. 그런데 개발이 끝나고 생산시설이 갖추어지면 대량으로 생산할 수 있는 것이 반도체이다. 일단 생산이 시작되면 반도체 시장은 공급이 넘치게 마련이고, 결국 공급과잉으로 가격이 하락하곤 한다. 대량생산으로 인해 시장 스스로가 가격을 인하하는 시장 조정을 한 것이다.

한편, 대량생산의 법칙은 대개 한시적으로 나타난다. 기업이 생산을 증가시키면 처음에는 대량생산의 법칙이 나타난다. 하지만 생산 규모는 그대로인 채 생산 증가가 계속되면 결국 평균생산비가 상승한다. 대량생산으로 인한 평균비용 감소보다 생산 증가로 인한 수확체감의 법칙이 더 크게 나타나서 비용 상승을 초래하는 것이다.

멧칼프 법칙

인터넷이 등장하고 IT산업과 웹 경제가 발달하면서 생산 양식이 변하고, 이에 따라 새로운 경제 법칙이 등장하고 있다. 멧칼프 법칙Metcalfe's Law도 그 중의 하나이다. 멧칼프 법칙이란 네트워크의 효용이 가입자 수의 제곱에 비례하는 현상을 말한다. 웹에 100명이 추가로 가입하면 그 효과는 가입자 수의 제곱인 10,000만큼 더 증가한다는 것이다.

인터넷을 이용하는 네트워크 경제에는 수확체감의 법칙이 거의 작용하지 않는다. 네트워크에 추가되는 인원에 대한 한계비용이 거의 영(0)이기 때문이다. 네트워크에 한 명이 추가로 가입해도 추가비용이 들지 않는다는 뜻이다. 새로운 가입자가 네트워크에 들어오면 비용은 증가하지 않고 효용은 증가한다. 네트워크에 참여자가 많아질수록 효용은 기하급수적으로 증가한다. 이 현상을 네트워크 외부효과 또는 망網외부효과라고도 한다. 인터넷 망은 가입자 수가 많아지면 네트워크 외부효과를 발생시켜 효용이 증가하고, 효용이 증가하면 가입자는 더 많아진다. 즉 선순환善循環이 일어난다.

오늘 우리에게 네트워크 외부효과를 잘 보여주는 것은 대도시의 지하철 노선망이다. 서울의 지하철 노선이 그렇다. 지하철은 여러 노선이 종횡으로 연결되어 있어서 환승을 통해 시내 어느 곳에라도 쉽게 갈 수 있게 해준다. 손바닥만 한 지하철 노선도 한 장만 있으면 서울 어디든 저렴한 비용으로 쉽고 빠르게 찾아갈 수 있다. 하지만

고사성어로 보는 **스토리 경제학**

서울을 제외한 지방 도시의 지하철은 그렇지 않다. 지방 도시의 지하철은 대부분 노선이 많지 않다. 지하철 노선 수가 적으면 이용자 입장에서 편의성이 떨어지고, 운영자 입장에서는 채산을 맞추기가 어렵다. 부산, 대구, 광주 등 지역 지하철은 매년 만성적인 적자에 허덕이고 있으며, 누적 적자는 불어나기만 한다. 지방 도시의 지하철 적자는 지하철이 노선망을 갖추어 네트워크 외부효과를 시현示現할 때에야 완화될 것이다.

대량생산의 법칙 : 생산량이 증가하면 평균생산비가 낮아지는 현상.

멧칼프 법칙 : 네트워크의 효용이 가입자 수의 제곱에 비례하는 현상.

네트워크 외부효과, 망 외부효과 : 네트워크에 참여자가 많을수록 유용성이 증가하는 현상.

다다익선 多多益善 : 많으면 많을수록 좋다.

(多 : 많을 다, 益 : 더할 익, 善 : 착할 선)

춘추전국시대는 오호십육국시대와 함께 중국 역사상 가장 혼란한 시기이다. 특히 후반기에 속하는 전국시대는 크고 작은 전쟁이 끊이지 않은 약육강식의 시대였다. 당시 중국에는 전국칠웅이 할거하여 안으로는 부국강병책을 논하고 밖으로는 합종合從과 연횡連橫을 거듭하면서 치열한 외교전을 벌이고 있었다. 때를 만난 세객들은 제후국 이 나라 저 나라를 오가며 곳곳에서 유세를 벌였다. 한비는 외교보다는 법치를 통한 부국강병책을 주장했다.

군왕이 다른 나라를 공격할 수야 있지만, 그 나라가 안정되어 있으면 공격하기 어렵다. 나라가 강하면 다른 나라를 공격할 수 있지만 그 나라가 잘 다스려지고 있으면 공격하지 못한다. 그런데 잘 다스리고 강대해지는 것은 외교로 얻어지는 것이 아니라 내정에 달려 있다. 나라 안에서 법치는 시행하지 않고 바깥의 외교술만 의지한다면 잘 다스리는 것이 아니다.

속담에 "소매가 길면 춤추기에 좋고, 돈이 많으면 장사하기에 좋다(長袖善舞 多錢善賈)."라고 했다. 이 말은 밑천이 많으면 일하기가 쉽다는 것을 뜻한다. 잘 다스려 강해진 나라의 관리는 계책을 내기가 쉽다. 하지만 약하고 정치가 어지러운 나라의 관리들은 계책을 내기가 어렵다. 진처럼 강한 나라에서는 계획을 열 번 바꿔도 실패하는 일이 드물지만, 연나라처럼 약소국에서는 한 번만 계획을 바꾸어도 성공하기 어렵다. 진나라의 관리가 지혜로워서 그런 것이 아니고, 연나라의 관리가 어리석어서 그런 것도 아니다. 나라가 잘 다스려지고 있는가, 아니면 어지러운가의 차이에서 그런 차이가 생긴다.

윗글은 《한비자》의 '오두편五蠹篇'에 나오는 내용이다. 한비는 법치의 중요성을 강조하면서 중국의 속담 '장수선무長袖善舞 다전선고多錢善賈'라는 말을 인용하였다. 장수선무에서 '장수長袖'는 소매가 길다는 뜻이고 '선무善舞'는 춤추기 좋다는 뜻이다. 착할 선善 자는 좋다는 뜻도 가지고 있다. 다전선고에서 '다전多錢'은 돈이 많다는 뜻이고, '선고善賈'는 장사하기에 좋다는 뜻이다. 賈(고)는 '장사 고' 자이다. 장수선무 다전선고는 돈이 많고 규모가 크면 장사하기에 유리하다는 것을 말한다.

규모의 경제

우리 속담에 "백석 꾼은 천석꾼 못 되어도 천석꾼은 만석꾼 된다."라는 말이 있다. 재산을 백석百石에서 천석千石으로 늘리는 것보다 천석에서 만석萬石으로 늘리는 것이 더 쉽다는 것이다. 이 속담은 일반 사람이 부자 되기보다 부자가 큰 부자 되기가 더 쉽다는 것을 말해 준다.

일반적으로 기업을 경영하는 데는 작은 규모보다 큰 규모가 유리하다. 우수 인력을 고용하고 첨단 시설을 설치하기는 아무래도 대기업이 유리하다. 대기업은 생산 원료나 부품을 유리한 가격에 안정적으로 공급받을 수 있다. 기업의 규모가 커지면 생산성이 좋아져서 비용이 감소할 수 있다. 기업의 규모가 커질 때 커진 비율 이상으로 생산성이 증대되는 현상을 '규모의 경제economies of scale' 또는 '대규모생산의 법칙'이라고 한다. 예를 들어 규모가 2배로 늘어났는데 생산량은 3배가 된다면 이는 규모의 경제가 작용한 것이다.

19세기 후반 미국에서 강철왕이라고 불리는 카네기, 석유왕이라고 불리는 록펠러는 각각 철강산업과 석유산업에서 규모의 경제를 통해 강철과 석유를 대량생산하여 막대한 부를 축적했다. 특히 포드는 자동화시스템을 도입하여 대량생산의 법칙과 함께 규모의 경제가 가져다주는 효과를 크게 누렸다.

우리나라에서 규모의 경제를 누리는 기업으로는 포스코(POSCO)를 들 수 있다. 포스코는 회사 설립 이래 계속해서 규모를 확장하면

고사성어로 보는 스토리 경제학

서 채산성을 맞추었을 뿐만 아니라, 세계 각국에 새로운 공장을 지으면서 글로벌 회사로 발전해가고 있다. 포스코 외에 삼성전자, 현대자동차가 규모의 경제를 누리고 있는 것으로 보인다. 이 외에 철도 및 조선업도 일반적으로 규모의 경제가 나타나는 산업이다.

대마도 죽는다

그렇다면 기업이 규모를 키우면 항상 규모의 경제 효과가 나타나는가? 1997년 외환위기 이전까지 우리나라의 기업은 규모의 경제를 신봉하고 있었으며, 너도나도 규모 키우기에 혈안이었다. 하지만 규모의 경제를 지향하는 경영전략은 1997년 외환위기 때 한계를 노출했다. 경제위기가 닥치자 대기업과 재벌이라고 불리는 대규모 기업집단이 쓰러지기 시작한 것이다. 대마불사의 신화가 깨져갔다. 거품경제 시대에 겉으로 규모의 경제를 누리던 기업이 속으로는 곪아 있었다. 기업이 규모의 경제를 겨냥해서 덩치를 키웠지만 사실은 규모의 비효율이 나타나고 있었던 것이다.

규모의 경제와 반대되는 현상, 즉 규모가 커질 때 비효율이 나타나는 현상을 '규모의 비非경제'라고 한다. 예를 들어 규모를 2배로 늘렸는데 생산량은 2배가 못 되는 경우가 규모의 비경제이다. 기업의 규모가 적정 규모를 초과하면 생산이 비효율적으로 이루어져 규모에 대한 수확 감소가 나타난다.

1980년대 구소련의 추락은 사회주의 경제가 가지는 한계이자 규모의 비경제 때문이기도 하다. 소련이라는 경제 규모는 당시 지도자의 경영 능력 한계를 넘어서는 것이었다. 배보다 배꼽이 컸다. 당연히 규모의 비경제가 나타날 수밖에 없었다. 일반적으로 기업 규모가 커져서 조직이 비대해지면 관료화되어 의사 결정이 늦어진다. 발전 속도가 더디던 옛날에는 의사 결정이 늦어진다 해도 규모의 경제가 주는 혜택이 커서 어느 정도 그 결함을 해소할 수 있었다. 하지만 오늘날 세상은 급변하고 있다. 기업이 세상 변화의 속도를 따라가거나 선도하려면 그만큼 의사 결정도 빨리 이루어져야 한다.

규모의 경제: 규모가 커진 비율 이상으로 생산성이 증대되는 현상.

규모의 비경제: 규모가 커진 비율만큼 생산성이 증대되지 못하는 현상.

장수선무 다전선고 長袖善舞　多錢善賈: 소매가 길면 춤추기 좋고, 돈이 많으면 장사하기 좋다.

(長袖: 긴 소매, 善舞: 춤추기 좋다, 多錢: 돈이 많다, 善賈: 장사하기 좋다.)

5

기업과 시장_
맹자, 시장 농단을 경계하다

수심불향水深不響: 완전경쟁시장

수향불심水響不深: 불완전경쟁시장

매점매석買占賣惜: 사재기

첩족선득捷足先得: 얼리버드와 자연독점

오월동주吳越同舟: 담합

수심불향
水深不響

완전경쟁
시장

  천하를 다스리기 시작한 지 50년, 요堯임금은 천하가 잘 다스려지는지, 백성이 자기를 받들기를 원하는지 알고 싶었다. 임금은 평복으로 갈아입고 미행에 나섰다. 거리에 이르니 한 노인이 길가에 앉아 한 손으로는 배를 두드리고 다른 손으로 땅바닥을 치며 노래부르는 모습이 보였다.

  "해가 뜨면 일하고 해가 지면 쉬네. 우물 파서 물 마시고 밭 갈아서 먹으니 임금의 힘이 내게 무슨 필요 있으랴."

  요임금에 대한 이 일화는 원나라 때 증선지曾先之가 저술한 《십팔사략》 상고 '제요편帝堯篇'에 나온다. 길거리에서 노인이 부르는 노래를 들은 요임금은 과연 태평세월이라고 크게 만족했다고 한다.

노인이 부른 노래는 배를 두드리고 땅을 치며 노래 불렀다고 해서 고복격양가鼓腹擊壤歌 또는 줄여서 격양가擊壤歌라고 한다. 생각해보면 역설적인 이야기다. 노인은 "임금의 힘이 내게 무슨 필요가 있느냐?"라고 노래했다. 임금에게 섭섭한 얘기다. 그런데도 요임금은 그 노래를 듣고 크게 만족했다. 요임금이 꿈꾼 이상적인 정치는 백성들이 그 누구의 간섭도 받지 않고 스스로 일하고 먹고 쉬는 것이었다.

수심불향水深不響

'수심불향水深不響 수향불심水響不深'이라는 한자 성어가 있다. 수심불향에서 '수심水深'은 물이 깊다(深)는 뜻이고 '불향不響'은 소리(響)가 나지 않는다는 뜻이다. 즉 깊은 물은 소리 없이 흐른다는 의미이다.[7] 그렇다. 깊은 강물은 조용히 흐르고, 잘된 정치는 있는지 없는지조차 모를 정도로 조용한 법이다.

필자는 강의 중 다음과 같은 질문을 학생들에게 던지곤 한다.

"화장품시장과 참깨시장 중 어느 것이 더 경쟁적입니까?"

대부분의 학생은 "화장품시장입니다!" 하고 대답한다. 학생들은 유명 탤런트가 등장하는 화장품 광고를 떠올리며 그렇게 대답했겠지만 그렇지 않다. 광고 없는 참깨시장이 더 경쟁적이다.

시장에서 완전한 경쟁이 이뤄지면 사람들은 경쟁이 있는지조차 모른다. 정치가 잘 되면 임금이 있는지 없는지 티가 나지 않듯이, 경쟁이 완전하면 경쟁이 있는지 없는지 티가 나지 않는다. 그러한 시장에는 광고도 없다. 어떤 시장에 광고가 요란하다는 것은 그 시장이 경쟁적이지 못하다는 것을 말해준다. 독자 여러분은 참깨 광고를 본 적이 있는가? 아마 없을 것이다. 참깨는 수많은 기업(농부)이 생산에 참가하는 매우 '경쟁적'인 상품이다.

상식선에서 생각하면 경쟁이 심한 경우에는 광고가 요란하고, 경쟁이 심하지 않으면 광고도 필요하지 않을 것 같다. 그러나 사실은 그렇지 않은 것이다. 그 이유를 알기 위해서 먼저 '매우 경쟁적인 시장', 즉 완전경쟁시장에 대해 알아보자.

완전경쟁시장

경제학자들은 다음 몇 가지 조건을 갖춘 시장을 완전경쟁시장이라고 부른다. 첫째, 시장 참가자, 즉 판매자와 소비자가 다수이다. 둘째, 각 기업에서 생산하는 상품은 동질적이다. 셋째, 해당 시장에 다른 기업이 자유로이 진입하거나 퇴출할 수 있다. 넷째, 시장 참가자는 누구나 시장에 대해 완전한 정보를 가진다. 이상 네 가지 조건이 갖춰지면 그 시장을 완전경쟁시장이라고 부른다. 완전경쟁시장 성립 조건 중 동질성 조건과 정보성 조건을 생각해보면 완전경쟁시장에 광고가 필요없다는 것이 자명하다. 시장의 모든 상품이 동질적이니 자사 제품이 좋다고 광고할 일이 없고, 모든 소비자가 품질을 잘 알고 있으니 역시 광고할 필요가 없는 것이다.

완전경쟁시장에서는 상품의 가격이 개별 생산자나 소비자도 모르는 새에 어떤 보이지 않는 손invisible hand에 의해 결정된다. 생산자나 소비자는 시장에 의해 결정된 가격에 순응한다. 즉, 시장 참가자는 모두가 가격수용자price taker이다. 생산자는 결정된 가격에 얼마든지 판매할 수 있고, 소비자는 그 가격에 얼마든지 구입할 수 있다. 시장에 어떤 규제도 없으며, 아무도 시장을 지휘하거나 감독하지 않는다. 참가자들은 그저 각자 자기의 이익을 위해 행동할 뿐이다.

사마천은 '화식열전貨殖列傳'에서 "농사꾼은 양식을 생산하고, 공인은 상품을 만들며, 상인은 유통시킨다. 이러한 일은 관청에서 법으로 정하거나 백성을 규제해서 되는 것이 아니다. 사람들이 저마다 최선을 다해 원하는 것을 얻으려 할 뿐이다."라고 말했다. 시장이 법이나 정부에 의해서가 아니라 '보이지 않는 손'에 의해서 움직인다는 것을 알아챈 것이다. 그 아이디어는 아담 스미스보다 무려 2천년 가까이 앞선 것이다.

완전경쟁시장: 판매자가 다수이고 동질성, 정보성 등이 있는 시장.

수심불향水深不響: 깊은 물은 조용히 흐른다.

(水: 물 수, 深: 깊을 심, 不: 아닐 불, 響: 울릴 향)

수향불심
水響不深

불완전
경쟁시장

　앞 장에서는 수심불향을 가지고 완전경쟁시장을 설명했다. 이 장에서는 '수향불심水響不深'을 가지고 불완전경쟁시장을 설명한다. 수향불심에서 '수향'은 물(水)이 소리(響)내며 흐르는 것을, '불심'은 물이 깊지(深) 않음(不)을 의미한다. 요란한 소리를 내며 흐르는 물은 깊지 않다는 뜻이다. 우리 속담 "얕은 물이 요란하다."라는 말과 같다. "빈 수레가 요란하다."라는 속담도 마찬가지다.

　앞 장에서 설명한 바와 같이 완전경쟁시장은 경쟁 소리가 나지 않는다. 반면에 불완전경쟁시장에서는 소리가 난다. 불완전경쟁시장이란 판매자가 소수여서 대립적 경쟁이 이뤄지는 시장을 말한다. 불완전경쟁시장으로는 독점시장, 과점시장, 독점적 경쟁시장이 있다.

독점시장

우리나라의 대통령 공관은 푸른 기와를 얹은 청와대이다. 옛날에 청기와(青瓦)는 보통의 기와에 비해 값이 비쌌다. 고려 때 청기와를 만든 기술자가 그 굽는 비법을 남에게 가르쳐주지 않고 자기 혼자만 알고 있으면서 계속 이익을 독점했다고 한다. 그래서 '청기와 장수'라는 속담이 생겨났다. 어떤 특별한 상품의 제조 기술이나 비법을 자기 혼자만 알아 생산하는 사람을 청기와 장수라고 한다.

청기와 장수는 오늘날의 용어로 말하면 독점기업이다. 어떤 산업에 공급자가 하나뿐인 경우를 독점이라 한다. 전매권이나 특허권을 가진 기업은 독점기업이 된다. 시장 규모가 너무 작아 다른 기업의 진입이 어려운 경우, 한 기업이 핵심적인 생산요소를 장악하는 경우에도 독점이 성립한다. 또 기업이 기술개발을 통해 새로운 상품을 발명하거나 생산하는 경우에도 대체재나 모방 제품이 나올 때까지 독점이 지속될 수 있다.

기업이 일단 시장에서 독점의 지위를 가지면 그 기업은 다양한 진입장벽을 통해 독점의 지위를 유지하려고 한다. 어떤 시장에 기존의 기업 외에 다른 기업의 진입을 막는 장치를 진입장벽이라고 한다. 특허제도, 인허가제도, 원료 독점, 생산기술 독점, 유통 경로 장악 등이 다른 기업의 진입을 방해하는 장벽이 된다. 진입장벽이 존재하는 한 독점기업은 유리한 가격 설정, 공급 조절 등을 통해 독점이윤을 누릴 수 있다.

과점시장

과점시장이란 소수의 기업이 비슷한 품질의 상품을 생산하며 경쟁하는 시장이다.

과점시장은 다음 몇 가지의 특성을 가지고 있다.

첫째, 경쟁이 경합성競合性을 가진다. 경합성이란 한 기업이 몫을 차지하면 다른 기업은 그 몫을 차지하지 못하는 대립되는 경쟁을 말한다. 완전경쟁시장에서는 한 기업이 아무리 많이 공급해도 다른 기업의 몫이 줄어들지 않는다. 그런데 소수의 기업이 존재하는 과점시장에서는 한 기업이 몫을 늘리면 다른 기업의 몫이 줄어든다.

둘째, 가격이 대개 경직적硬直的이다. 과점시장에서 한 기업이 가격을 인하하면 다른 기업도 가격을 인하한다. 고객을 빼앗기지 않기 위해서다. 제3의 기업들도 사정은 마찬가지여서, 결국 모든 기업이 가격을 인하할 것이다. 이는 기업의 이윤 감소를 불러온다. 가격을 인하한 실익이 없다. 그렇다면 차라리 가격을 올리면 어떨까? 이 경우 다른 기업은 가격을 올리지 않는 방법으로 고객을 빼앗아갈 것이다. 가격을 올리는 경우에도 실익이 없다는 얘기다. 즉 가격을 내리면 이윤이 줄어들고, 가격을 올리면 고객을 빼앗긴다. 내려도 손해, 올려도 손해라면 기업은 가격경쟁을 피하고 비가격경쟁에 나설 것이다. 결과적으로 과점시장 가격은 경직적이다.

고사성어로 보는 스토리 경제학

요란하다

셋째, 광고가 요란하다. '아침에 일어나 세이 비누로 세수하고, 엘라스틴으로 머리를 감고, 아이오페로 화장을 하고, 웅진코웨이 아줌마를 기다려서 정수기 필터 교환을 하고, 지펠 냉장고에 있는 주스를 마신 뒤, 엘지카드를 들고 나가 쇼핑을 한다.' 한동안 젊은이들 사이에 유행했던 '이영애의 하루'라는 패러디이다. 이 패러디에 언급되는 상품은 죄다 과점산업에서 생산된 것들이다. 대립적 경쟁이 이뤄지는 시장에서는 기업이 광고에 나설 수 밖에 없다.

한편 과점시장에서는 가끔 담합談合이 발생한다. 담합에 대해서는 '오월동주'에서 설명한다.

독점적 경쟁시장

누군가에게 어느 이발소를 주로 이용하느냐고 묻는다면 대부분의 대답은 '동네 이발소'이다. 치킨점, 제과점, 목욕탕, 미용실 이용에 관한 질문을 할 때도 비슷한 대답을 들을 것이다. 치킨점 등은 대개 그 동네에 기반을 둔 독점성을 가지고 있다. 사람들은 흔히 '동네' 이발소나 목욕탕을 이용하고, 치킨도 가까운 곳에서 불러다 먹는다. 그런데 이발소나 치킨점이 그 동네에 하나만 있는 것이 아니다. 시내에 수십, 수백 개의 다른 업체가 있다. 이러한 업종을 지역적으로 보면 독점이고, 업체의 수를 보면 경쟁적이다.

과점 중에서도 독점 요소와 경쟁 요소를 동시에 가지고 있는 시장조직을 독점적 경쟁이라고 한다. 독점적 경쟁시장은 참여 기업의 수효가 많고 진입과 퇴출이 비교적 자유롭다는 점에서 완전경쟁시장과 비슷하다. 상품차별화나 지역성으로 독점성을 확보한다는 점에서는 독점과 비슷하다.

불완전경쟁시장: 판매자가 소수여서 대립관계의 경쟁이 존재하는 시장.

독점시장: 공급자가 하나뿐인 시장.

과점시장: 둘 이상의, 그러나 많지 않은 수의 기업이 경쟁하는 시장.

독점적 경쟁시장: 독점 요소와 경쟁 요소를 동시에 가지고 있는 시장.

비가격경쟁: 가격 이외의 조건을 가지고 벌이는 경쟁.

수향불심 水響不深: 소리가 요란한 강은 깊지 않다.

(水: 물 수, 響: 울릴 향, 不: 아닐 불, 深: 깊을 심)

고사성어로 보는 **스토리 경제학**

매점매석
買占賣惜

사재기

전국시대에 맹자는 수년간 제齊나라에 객경으로 있었다. 객경이란 이웃나라에 가서 벼슬을 하는 것을 말한다. 제의 선왕은 맹자의 조언을 전혀 들어주지 않았다. 맹자는 물러나 고향으로 돌아가려고 하였다. 이를 알게 된 왕이 신하를 보내서 만류했지만 맹자는 거절하고 돌려보냈다. 신하가 간 뒤 맹자가 제자들에게 말했다.

"옛날에 시장이란 자기가 가진 것을 남의 것과 바꾸는 곳으로, 시장을 맡은 관리가 이를 감독하고 있었다. 그런데 시장에 천박한 사내가 하나 있었다. 그 사내는 장터의 높은 곳(龍斷)에 올라가서 이리저리 살피다가 이익이 날 만한 것을 독차지하곤 했다. 사람들은 독점을 일삼는 그 사내를 천하게 여겼으며, 시장을 맡은 관리는 그 사내에게 세금을 매겼다. 상인에게 세금을 매기는 일이 그 천박한 사내 때문에 시작되었다."

농단 壟斷

윗글은 《맹자》 '공손추장구公孫丑章句'에 나오는 내용을 읽기 쉽게 고친 것이다. 글에서 맹자는 '농단'에 대해 설명한다. 2016년 겨울을 뜨겁게 달구었던 말이 국정농단이라는 단어였다. 맹자는 선왕의 제의를 거절하면서 농단이라는 말을 사용하였다. 농단壟斷의 원뜻은 '높이 솟은 언덕'으로, 시장에서 장사에 유리한 곳을 의미한다. 천박한 사내는 시장을 잘 살필 수 있는 곳에 서서 상품의 흐름을 예측하여 사재기로 폭리를 취하곤 했다. 오늘날에는 부당한 담합 등으로 시장 질서를 흐리게 하거나 권력을 휘두르는 것을 농단이라고 한다. 농단이라는 말이 나오면 대개 사재기, 독점이라는 말이 따라 나온다. 즉 농단, 사재기, 독점 세 단어는 항상 같이 다닌다.

조선시대 박지원의 허생전에도 사재기 이야기가 나온다. 그 이야기는 다음과 같다. 빈둥빈둥 놀기만 하던 허 생원이 한양의 큰 부자 변 씨를 찾아가서 대뜸 큰돈을 빌려달라고 한다. 변 씨는 그가 돈을 벌 사람임을 한눈에 알아보고 거금 만 냥을 빌려준다. 허 생원은 돈을 빌리자 곧바로 안성으로 내려간다. 안성은 경기도, 충청도 사람들이 마주치는 곳이요, 삼남의 길목이다. 허 생원은 안성으로 들어오는 대추, 밤, 감, 배 등의 과일을 두 배의 값을 주고 모조리 사들인다.

허 생원이 과일을 몽땅 사재기하자 온 나라에 과일이 동나게 된다. 당시 잔치를 하거나 제사를 지내는 데는 반드시 과일이 있어야 했다. 허 생원에게 두 배의 값으로 과일을 팔았던 상인들이 이제는 도리어 열 배의 값을 주고 사는 일이 벌어진다. 과일 사재기 덕분에 허 생원은 큰돈을 번다. 허생은 벌어들인 돈으로 칼과 호미, 포목 등속을 사가지고 제주도로 건너간다. 가지고 온 물건을 좋은 값에 판 허 생원은 그 돈으로 말총을 사들인다. 말총을 사재기하자 이번에는 갓과 망건 값이 열 배로 뛰어오른다. 말총이란 양반들의 필수품인 갓과 망건을 만드는 데 사용하는 말의 꼬리이다.

허 생원은 또 큰돈을 벌게 된다. 이를 본 주위 사람들이 쌀을 사두었다가 더 큰 돈을 벌자고 한다. 하지만 허 생원은 이 말에 응하지 않는다. 과일이나 갓, 망건은 없어도 살 수 있지만 쌀이 없으면 살아갈 수 없으며, 그것도 가난한 사람들이 먼저 배고픔을 겪게 된다는 것이었다.

매점매석

허 생원은 사재기로 큰돈을 벌었다. 사재기의 한자 성어가 매점매석買占賣惜이다. 매점매석이란 물건을 사기(買)는 하지만 팔지(賣)는 않으려(惜) 한다는 뜻이니 결국 사재기를 의미한다. 소설 속 허 생원은 사재기의 원조(?)라고 말할 수 있겠다. 그런데 허 생원은 사재기를 하되, 서민을 등치지는 않았다. 그가 사재기한 과일은 주로 양반들이 제사에 쓰는 것이고, 말총으로 만드는 갓도 양반이 사용하는 것이기에 사재기해도 서민을 괴롭히지 않는다. 하지만 쌀을 사재기한다면 가난한 백성들이 어려움을 겪는다. 허 생원은 비록 사재기를 했지만 부자와 양반의 돈만 거둬들였다.

사재기를 한 허 생원을 옹호할 수야 없지만, 오늘날 기업의 풍토는 허 생원이 가졌던 여유나 배려를 찾아보기 힘들다. 돈 되는 일이라면 물불을 가리지 않는다. 일부 기업은 사회적 정서에 반하는 행동을 하거나 법을 어기면서 사재기에 나서기도 한다. 불패 신화를 이어가는 아파트 투기도 사재기의 일종이다. 실수요자도 아니면서 아파트를 사두었다가 비싼 값에 넘기는 일이 아파트 투기이다. 투기나 사재기로 인한 경제적 혼란과 사회적 손실은 고스란히 서민의 부담이 된다.

우리나라에서 '사재기' 하면 나이가 든 사람들은 연탄파동을 떠올린다. 옛날 가난했던 시절 서민에게 유일한 난방 수단은 연탄이었다. 그런데 해마다 겨울만 되면 연탄파동으로 가난한 이들이 발을 동동 굴러야 했다. 탄광에서 석탄을 생산하고 운반하며, 연탄을 생산하고 유통하는 어느 한 단계에서라도 사재기가 일어나면 연탄 값은 한없이 뛰어올랐다. 달동네라고 부르는 높은 지역 판자촌에서는 그나마도 구하기 어려워 더 추운 겨울을 보내야 했었다.

두려운 것은 곡물 사재기이다. 오늘날 국제 곡물 메이저는 세계

고사성어로 보는 **스토리 경제학**

곡물 교역량의 80% 이상을 장악하고 있다. 이들이 쌀과 밀을 사재기한다면 어떤 일이 벌어질 것인가? 허생이 우려하는 일이 바로 그것이다.

반反 농단법

세계 각국은 법률을 제정해서 독점기업의 농단을 막거나 규제하고 있다. 우리나라는 '독점규제 및 공정거래에 관한 법률'을 제정하여 독점을 규제하고 있다. 공정거래위원회는 독점규제법에 따라 대기업이나 독점기업의 농단을 규제하여 시장 질서를 바로 세우는 일을 하는 공적인 기관이다. 한편 중국의 독점규제법은 보통 '반농단법反壟斷法'이라고 부른다. 맹자로부터 내려온 말이 지금도 사용되고 있다.

사재기 : 차익을 노리고 필요 이상으로 상품을 사 두는 일.

매점매석 買占賣惜 : 사재기

(買 : 살 매, 占 : 점령할 점, 賣 : 팔 매, 惜 : 아낄 석)

농단 壟斷 : 유리한 곳을 차지한 뒤 이익을 독점하거나 권력을 휘두르는 것.

얼리버드와
자연독점

　유방이 항우와 천하를 두고 다투던 시절, 한신이 제齊나라를 쳐서 점령했다. 한신은 유방에게 자신을 제왕으로 봉해 달라고 요구했다. 유방은 불쾌했지만 한신을 제왕에 봉했다. 유방이 제 땅을 손에 넣자 위기를 느낀 항우는 한신에게 밀사를 보내어 유방의 휘하에서 떨어져 나와 셋이서 천하를 삼분하자고 제안했다. 책사 괴통이 반색하며 '유방과 결별하고 천하를 삼분하라'고 한신을 설득했다. 하지만 한신은 괴통의 말을 듣지 않고 항우의 제안을 거절했다.

　나중에 유방이 항우를 패퇴시키고 한漢나라를 세운 뒤 한신에게서 군권을 빼앗은 다음 변방에 내보냈다는 것을 다다익선에서 설명했다. 유방은 그 뒤에도 한신에 대한 경계를 늦추지 않다가 종이매 사건이 일어나자 초왕에서 회음후로 강등시켜 버렸다. 한신은 자기가 토사구팽兎死狗烹되었다고 한탄했다. 한신이 늦게야 모반을 꾀했지만 유방의 부인 여후가 나서서 한신을 체포한 다음 곧바로 처형해 버렸다. 한신은 두 번이나 체포된 끝에 결국 사형 당했다. 마침 유방은 수도를 떠나 있었다.

여후에게 잡혀와 죽게 된 한신이 말했다.

"괴통의 계책을 듣지 않은 것이 안타깝구나!"

지방의 난을 평정하고 돌아온 유방이 부인에게 한신이 죽으면서 무슨 말을 하더냐고 물었다. 여후가 대답했다.

"괴통의 계책을 쓰지 않은 것이 원통하다고 하더이다."

이 말을 들은 유방이 괴통을 잡아들여 물었다.

"네가 한신을 모반하도록 부추겼느냐?"

"그렇습니다. 하지만 그 못난이가 제 계책을 쓰지 않았기에 죽었습니다. 그가 제 말을 들었다면 그를 죽일 수 없었을 것입니다."

그 말을 들은 유방이 노하여 괴통을 삶아 죽이라고 좌우에 명했다.

괴통이 죽는 것이 억울하다며 말했다.

"진의 기강이 해이해지자 천하에 영웅준걸이 일어났습니다. 진이 사슴을 잃자 모두가 사슴을 쫓았고, 결국 발 빠른 사람이 먼저 얻게 되었습니다(捷足先得). 도척의 개는 요임금을 보고도 짖습니다. 도척의 개가 요임금을 보고 짖는 까닭은 요임금이 어질지 않아서가 아닙니다. 개는 원래 제 주인이 아니면 짖습니다. 당시에 저는 한신만 알았지 폐하는 알지 못했습니다. 그 동안 천하에는 칼을 들고 폐하께서 하신 일을 자기도 해보려고 하는 사람이 많았습니다. 폐하께서는 그들을 모두 잡아서 삶아 죽일 작정이십니까?"

괴통의 말을 들은 유방이 "이 자를 죽이지 마라."고 명했다.

사마천《사기》'회음후열전'에 나오는 이야기다. 이 고사에서 '첩족선득捷足先得'이라는 사자성어가 나왔다. 첩족선득에서 '첩족捷足'은 발이 빠름을 뜻하고, '선득先得'은 먼저 얻는다는 뜻이다. 발 빠른 사람이 먼저 얻는다는 것을 의미한다. 괴통이 한 말 중 사슴이란 황제의 자리를, 발 빠른 사람이란 유방을 비유한다.

참고로 이 고사에서 '척구폐요'와 '걸견폐요'라는 사자성어도 나왔다. 척구폐요는 도척의 개가 요임금을 보고도 짖는다는 말이다. 도척은 춘추시대 유명한 도둑의 이름이다. 개가 도둑인 도척을 보고 짖어야 하는데, 성군인 요임금을 보고 짖는다는 역설이다. 걸견폐요는 걸왕의 개가 요임금을 보고 짖는다는 말로, 의미는 척구폐요와 같다.

일찍 일어난 새가 벌레를 잡는다

서양 속담에 "일찍 일어난 새가 벌레를 잡는다."라는 말이 있다. 요즈음 말로 얼리 버드early bird 이야기다. 먼저 온 사람에게 싸게 파는 방식을 '얼리 버드 마케팅'이라고 한다. 파격적으로 싼값에 파는 특판물을 사려고 아침부터 백화점 앞에 길게 늘어서 기다리는 주부의 모습이 바로 얼리 버드 마케팅 현장이다. 여행업계에는 "일찍 일어나는 새가 멀리 난다."라는 말이 있다. 미리 항공권을 예약해 두면 큰 폭의 할인 혜택을 받을 수 있다는 말이다.

얼리 버드 현상은 생산 분야에서도 일어난다. '특허권'은 독점적 이득을 법으로 보장해주는 제도이다. 어떤 분야에 특허를 얻으면 그 분야에서 일찍 일어난 새처럼 마음껏 벌레를 잡을 수 있다. 애플, 삼성전자, 구글, 노키아 등 수많은 글로벌 기업이 특허전쟁을 벌이고 있는 것은 얼리 버드가 되어 유리한 고지를 점령하기 위해서이다.

앞에서 '규모의 경제'에 대해 설명하였다. 어떤 산업에 규모의 경제가 나타난다면 어느 기업이 가장 유리할까? 답은 '가장 먼저 규모를 키운 기업'이다. 해당 시장은 가장 먼저 규모를 키운 하나의 기업에 의해 자연히 독점화된다. 이러한 방식으로 독점기업이 발생하는 것을 자연히 독점으로 진행한다고 해서 '자연독점'이라고 한다.

자연독점: 규모의 경제가 나타나는 산업이 자연히 독점화되는 현상.

첩족선득 捷足先得: 발 빠른 사람이 먼저 얻는다.

(捷·빠를 첩, 足: 발 족, 先: 먼저 선, 得: 얻을 득)

척구폐요 跖狗吠堯, **걸견폐요** 桀犬吠堯: 개는 주인을 위해 성인을 보고도 짖는다는 말.

(**척구** 跖狗: 도척의 개, **걸견** 桀犬: 걸왕의 개)

오월동주
吳越同舟

담합

대가리를 치면 꼬리로 일어서고

꼬리를 치면 대가리로 일어서고

가운데를 한 가운데를 치면

대가리와 꼬리가 한꺼번에 일어서고

김남주의 시 '솔연率然'의 일부이다. 솔연은 중국 오악五岳 중의 하나인 상산常山에 사는 전설상의 뱀 이름이다. 《손자병법》의 '구지편九地篇'에 솔연에 관한 이야기가 나온다. 솔연은 머리를 치면 꼬리가 달려들고 꼬리를 치면 머리가 덤벼들었으며, 만약 몸통을 치면 머리와 꼬리가 동시에 달려들었다고 한다. 글머리에 있는 김남주의 시는 손자가 말한 솔연을 시어로 바꾼 것이다. 손자병법은 다음으로 이어진다.

> 감히 묻는다. 군대를 지휘할 때 솔연과 같이 움직이게 할 수 있는
> 가? 대답은 '할 수 있다'이다. 오나라 사람과 월나라 사람은 평소에 서
> 로 미워하지만, 같은 배를 타고 건너가다가 바람을 만나게 되면 서로
> 돕기를 좌우의 손이 함께 협력하듯이 한다.

이 글에서 유명한 고사성어 '오월동주吳越同舟'가 나왔다. 전국시
대에 중국 남부 양자강 하류에는 오吳와 월越 두 나라가 국경을 맞대
고 있었다. 두 나라는 사이가 좋지 않아 분쟁이 그칠 날이 없었고 국
민들도 서로 미워했다. 원수 갚는 것을 잊지 않기 위해 거친 섶에 누
워 자고 쓰디쓴 쓸개를 핥는다는 뜻의 '와신상담臥薪嘗膽'이라는 고
사성어도 두 나라 사이가 좋지 않은 데서 나왔다.

오나라와 월나라 사람이 같은 배(同舟)에 탄 모습을 사자성어로
나타낸 것이 오월동주이다. 손자는 오와 월 두 나라 사람이 평소에
는 서로 미워하지만 한 배를 타고 가다가 폭풍을 만나면 어려움을
극복하기 위해 솔연의 머리와 꼬리처럼 서로 협력할 것이 아니냐고
말했다. 두 사람 사이가 좋지 않을 때, 또는 적인데도 손을 잡아야 하
는 경우를 오월동주라고 한다. 기업들이 서로 경쟁자이면서도 어떤
목적을 위하여 부득이 협력하는 것이 바로 오월동주이다.

담합 談合

과점산업의 기업들은 한정된 시장을 놓고 서로 대립적인 경쟁을 벌인다. 기업 간에 사이가 좋을 수 없다. 그런데 사이가 좋지 않은 두 기업이 서로 손을 잡는 경우도 있다. 담합이 그렇다.

기업인에게 경쟁시장과 독점시장 중 어느 것을 좋아하느냐 묻는다면 누구나 독점시장이라고 대답할 것이다. 독점기업은 시장 지배력을 이용하여 생산량과 가격을 조절함으로써 경쟁시장일 때보다 더 큰 이득을 얻을 수 있다. 그래서 기업의 소원은 독점기업이 되는 것이다. 그러나 어쩌랴, 기업이 나 말고도 여럿인 것을······.

기업이 담합을 하면 독점기업이 누리는 혜택을 누릴 수 있다. 담합이란 기업이 자기 유익을 위해 상품의 가격, 생산량 등에 대해 부당하게 합의하는 것을 말한다. 부당한 공동행위 또는 카르텔이라고도 불린다. 담합은 기업에는 더 큰 이득을 얻는 수단이지만, 소비자에게 손해를 입히는 행위이다. 이 때문에 담합을 부당한 공동행위라고 부른다. 세계 각국은 담합을 '공공의 적'으로 간주하여 엄격히 규제한다. 특히 OECD국가들은 담합을 죄질이 나쁜 경제행위로 규정하고 있다.

세간의 주목을 받았던 담합으로 중고등학생 교복 값 담합 사건이 있다. 교복업체의 담합으로 인해 당시 중고등학생들은 웬만한 양복 값 수준의 비싼 교복을 사 입어야 했다. 교복 담합 사건에 대한 재판은 대법원까지 가서야 교복업체들에게 과징금을 부과하는 것으로 종결되었다.

가격선도

캠퍼스 주변 식당의 백반 값은 거의 비슷하다. 그것은 식당가에 눈에 보이지 않는 담합이 존재하기 때문이다. 한정된 시장에서 기업이 서로 대립적인 경쟁을 하다 보면 서로 손해를 입을 수 있다. 원가고에 시달리는 어느 기업이 가격을 올린다고 하자. 이때 다른 기업도 같이 가격을 올리면 좋으련만 그렇지 않는 경우 가격을 올린 기업은 손님을 잃는다. 물론 기업 간에 담합해서 같이 가격을 올리는 것이 좋지만 그것은 당국이 법으로 금하는 일이다. 기업은 속으로 끙끙 앓는다. 그런데 이 사정은 다른 기업도 마찬가지다. 가격을 올리고 싶은 마음이야 꿀떡같지만 손님 떨어질까 봐 못 올리고 서로 눈치만 보고 있는 것이다.

이 경우에 '가격선도' 방식이 등장한다. 가격선도란 어느 기업이 먼저 가격을 조정하면 그 후에 다른 기업이 따라서 조정하는 묵시적 담합을 말한다. 예를 들어 한 식당이 앞장서서 가격을 인상하면 그 후에 다른 식당도 슬그머니 가격을 올리는 것이다. 가격선도 방식의 가격 조정은 법으로 금하는 명시적인 담합을 피하면서, 한 기업만 가격을 조정함으로써 입을 수 있는 손해를 피하게 해준다.

2012년 초에 규제 당국에 의해 적발된 라면 가격 인상이 바로 가격선도이다. 라면회사들은 한 회사가 앞장서서 가격을 올리면 나머지 회사들이 차례로 뒤따라 가격을 올렸다. 전형적인 가격선도 모형을 시장에서 실현한 것이다. 그 덕분에(?) 라면 가격은 시차를 두고 계속해서 올랐다. 가격선도를 담합으로 볼 것인가 하는 문제는 선도업체와 추종업체 사이에 얼마나 명시적인 약속이 있었느냐에 따라 판단이 달라진다. 라면 가격 담합사건에 대해 공정거래위원회는 1천억 원 이상의 과징금을 부과했지만 대법원은 과징금을 돌려주라는 취지로 항소사건을 고법에 되돌려 보냈다. 공정거래위원회는 라면 가격 인상을 담합으로 봤고, 대법원은 묵시적인 가격선도로 본 것이다.

규제 당국의 적발과 처벌이 되풀이 되지만 시장에서 담합 행위가 자주 발생하는 것은 담합으로 얻는 기업의 이득이 크기 때문이다.

담합 : 기업이 상품의 가격, 생산량, 판매 방식 등에 대해 합의하는 것.

가격선도 : 한 기업이 가격을 조정하면 다른 기업도 따라서 조정하는 묵시적 담합.

오월동주 吳越同舟 : 원수가 한 배를 타다.

(吳 : 나라 이름 오, 越 : 넘을 월, 同 : 한 가지 동, 舟 : 배 주)

6

마케팅_
백락이 돌아보니 말 값이 뛰더라

백락일고(伯樂一顧): 스타마케팅

기호난하(騎虎難下): 치킨게임

허보동선(虛步洞仙): 역 게릴라 마케팅

고장난명(孤掌難鳴): 끼워 팔기

스타마케팅

전국시대 연燕나라는 항상 주변 강국의 침략 위협에 시달리며 살았다. 마침 조趙나라가 연을 치려 한다는 첩보가 들어왔다. 연나라는 이웃 제齊나라에 세객을 파견하여 도움을 요청하기로 했다. 세객으로 소대가 뽑혔다. 소대는 당대의 뛰어난 유세가이자 합종책으로 유명한 소진의 동생이다.

제나라에 들어간 소대는 먼저 순우곤을 찾아갔다. 순우곤은 제왕이 신임하는 중신이었다. 인사가 끝나자 소대가 말했다.

"어떤 말 장수가 준마를 팔려고 시장에 내놓고 사흘 동안이나 기다렸지만 아무도 말을 알아보지 못했습니다. 말 장수는 백락을 찾아가 말했습니다. '제게 준마가 한 필 있는데 아무도 거들떠보지 않습니다.

청컨대 제 말을 한번 둘러봐 주시고, 떠나면서 힌번 돌아봐 주십시오. 말 장사로 버는 돈 하루치를 드리겠습니다.' 이에 백락이 가서 말을 살핀 다음 가면서도 돌아보니 그 말의 값이 열 배로 치솟았습니다."

소대는 순우곤에게 이 일화를 들려준 다음 말을 이었다.

"제가 좋은 계책을 가지고 제왕을 알현코자 하지만 저를 소개해줄 사람이 없습니다. 청하오니 저의 백락이 되어 주시겠습니까?"

순우곤이 그 말을 듣고 입궐하여 왕에게 소대를 추천했다. 제왕은 소대를 만나보고 그의 뛰어난 재주에 크게 기뻐했다. 덕분에 소대는 제나라의 도움을 이끌어낼 수 있었다.

유향의 《전국책》 '연책燕策'에 나오는 내용이다. 이 일화에서 '백락일고伯樂一顧'라는 사자성어가 나왔다. '백락伯樂'은 박리다매에서 소개한 바와 같이 춘추시대에 천리마를 잘 알아보기로 이름난 사람이며, '일고一顧'는 한번 뒤돌아본다는 뜻이다. 백락일고를 글자 그대로 풀이하면 '백락이 한번 뒤돌아보다'라는 뜻이다. 말을 잘 알아보는 백락이 어떤 말을 뒤돌아보며 관심을 보이자 그 말의 값이 열 배로 뛰어올랐다. 전문가가 사람이나 상품의 가치를 인정함으로써 그 위상이 갑자기 높아지는 것을 백락일고라고 한다.

마윈의 스타마케팅

백락일고를 요즘 말로 하면 '스타마케팅'이다. 대중적 인지도가 높은 스타를 내세워 기업의 이미지를 높이는 전략을 스타마케팅이라고 한다.

알리바바 그룹의 회장 마윈(馬雲, Ma Yun)은 스타마케팅으로 큰 성과를 거둔 사람이다. 알리바바가 설립된 지 10년쯤 되었을 무렵, 중국 인터넷 업계에 불황이 닥쳐왔다. 마윈은 불황을 타개하고 아울러 신생기업 알리바바의 인지도를 올리기 위해 중국 IT계의 지도자들을 항저우로 불러 모아 포럼을 열 계획을 세웠다. 하지만 당시 알리바바는 역사가 짧아 그리 알려지지 않은 회사였다. 마윈 또한 지명도가 없었고 재계에 미치는 영향력도 크지 않았다. IT계의 거물급 인사들을 불러 모으기가 어려웠다.

고심하던 마윈이 기발한 생각을 해냈다. 지명도가 높은 유명인을 포럼에 참석시키자는 것이었다. 마윈은 무협작가 진융(金庸, 김용)이 적격이라고 생각했다. 진융은 중국은 물론 우리나라에도 잘 알려진 무협지 사조영웅전, 소호강호, 녹정기 등의 작가이다. 중국에서 모르는 사람이 없는 진융을 초청하여 포럼의 사회를 맡기면 세인과 매스컴의 주목을 받을 뿐만 아니라 IT계의 거물들도 참석하여 포럼이 성공하리라고 생각했다.

마윈은 포럼의 이름을 시후룬젠(西湖论剑, 서호논검)이라고 명명했다. 서호는 항저우에 있는 아름다운 호수이다. 강호 고수들의 모임이라는 냄새를 풍기는 이 이름은 진융의 무협소설에서 따온 것이다. 다행히 마윈과 진융은 독자와 작가로 안면이 있었고, 서로 호감을

　　　고사성어로 보는 스토리 경제학

가지고 있었다. 이러한 인연으로 진융은 마윈의 초청에 흔쾌히 응하여 포럼의 사회를 맡아주기로 약속했다.[8]

진융金庸이 왔다!

마침내 진융이 참가한 시후룬젠 포럼이 '새 천년, 새 경제, 새로운 인터넷 협객'이라는 주제를 가지고 2000년 9월 항저우에서 열렸다. 진융이 항저우의 포럼에 나타나자 백여 개의 크고 작은 중화권 신문과 방송에서 취재 경쟁을 펼쳤다. 이들은 진융을 취재하려고 항저우에 왔지만 결과적으로 포럼 주최자인 알리바바와 마윈을 덩달아 취재하였고, 마윈이 대중에게 알려지게 되었다. 진융이 알리바바와 마윈을 전 세계에 알리는 무대를 만들어준 것이다. 진융의 지명도 덕분에 시후룬젠 포럼은 커다란 성공을 거두었다. 마윈은 단숨에 중국의 4대 포털 사이트 대표의 반열에 올랐다. 그 후 시후룬젠 포럼은 해가 갈수록 유명해져서 빌 클린턴 대통령을 비롯해 야후(Yahoo) 사장, 아놀드 슈왈제네거도 참석하는 세계적인 포럼으로 발전했다.

스타마케팅은 이처럼 스타의 대중적 인기에 의존해서 이루어진다. 인기 스타는 소비자의 시선을 끌고 브랜드에 대한 호감을 갖도록 하기 때문에 탁월한 광고 효과를 낳는다. 우리나라에서는 김연아 에어컨이나 전지현 샴푸가 스타마케팅을 통해 성공을 거둔 광고에 속한다. 외국의 예를 들자면 한이 없겠지만 마이클 조던을 이용한 나이키가 대표적인 스타마케팅 사례이다.

루브르 박물관의 대리석상 중 비너스에 명성이 가려 있지만 아는 사람에게는 매우 인기 있는 작품으로 '사모트라케의 니케'가 있다. 어떤 이들은 루브르의 3대 걸작으로 모나리자, 비너스 상, 그리고 니케 상을 꼽을 정도이다. 나이키Nike라고도 불리는 니케 상은 역동적이고 날아갈 것 같은 모습이다. 이 석상에서 나이키 로고가 나왔다. 니케의 날개 선을 형상화 한 나이키 로고는 심플하고 날렵하다.

나이키는 2016년 현재 브랜드 가치가 370억 달러를 넘을 정도로 세계적인 지명도를 가지고 있는 글로벌 기업이다. 하지만 나이키도 기업 초창기에는 그리 큰 주목을 받지 못했다. 그러다가 마이클 조던을 만났다. NBA의 신화적인 선수 마이클 조던과 손을 잡은 것이다. 1984년에 나이키 운동화를 신은 마이클 조던의 모습이 TV에 등장하자 나이키는 단번에 소비자의 눈을 사로잡았다. 나이키 운동화는 전 세계에서 가장 많이 팔리는 운동화가 되었다.

스타마케팅은 전적으로 스타의 인기에 의존한다. 스타의 이미지와 직결된다. 스타에 문제가 생길 경우 직접 영향을 받는다. 2009년 타이거 우즈가 성 스캔들로 인기가 하락하고 성적마저 곤두박질치자 나이키 제품 판매는 큰 타격을 받았다.

스타마케팅 : 인기가 높은 사람을 내세워 기업의 이미지를 높이는 전략.

백락일고 伯樂一顧 : 백락이 한번 돌아보니 말 값이 뛰어 오르다.

(伯樂 : 사람 이름, 一顧 : 한번 돌아보다)

기호난하
騎虎難下

치킨게임

한 사내가 소를 훔치려고 외양간에 들어가서 대들보에 올라 엿보고 있었다. 마침 호랑이가 소를 잡아먹으려고 외양간에 들어왔다. 사내는 호랑이를 황소로 알고 등에 뛰어내렸다. 호랑이는 깜짝 놀라 뛰기 시작했다. 한참 달리다 사내가 보니 자기가 탄 것은 황소가 아니라 호랑이였다. 깜짝 놀라 뛰어내리려 했지만 그럴 수 없었다. 뛰어내리면 호랑이에게 물려 죽을 터였다. 사내가 호랑이 등에 더 달라붙자 호랑이는 더욱 힘을 다해 뛰었다.

기호난하

옛 이야기에 나오는 이 사내처럼 호랑이 등에서 내릴 수 없는 형편을 '기호난하騎虎難下'라고 한다. '기호騎虎'는 호랑이 등에 올라탄다는 뜻이고, '난하難下'는 내리기 어렵다는 뜻이다. 한번 시작한 일을 그만두기 어려울 때 기호난하라는 말을 쓴다.

기호난하와 비슷한 고사성어로 '기수지세'가 있다. 남북조시대의 마지막 왕조인 북주에 나이 어린 임금이 왕위에 오르자 외척 양견이 정권을 장악하였다. 양견은 선비족이 세운 북주 대신 한족의 나라를 세우고 싶어 했다. 양견의 부인은 독고 씨였다.

독고 부인은 선비족 유력자인 독고신 집안의 일곱째 딸로 태어났다. 그녀는 양견과 결혼하면서 다른 여자에게서 자식을 보지 않겠다는 약조를 받았을 정도로 드센 여자이다. 독고 부인의 언니는 명제의 왕비이고, 딸은 그 아들 선제의 왕비였다. 선제가 일찍 죽고 어린 아들 정제가 제위에 올랐다. 양견은 외손자인 어린 황제를 보위한다는 구실로 궁에 들어가 정권 찬탈의 기회를 엿보고 있었다.

남편의 야심을 아는 독고 부인이 남편에게 밀서를 보냈다.

"대세가 이미 이렇게 되어서 마치 사나운 짐승 등에 올라탄 형세(騎獸之勢)와 같습니다. 절대 내릴 수 없습니다. 그대로 밀어붙여야 합니다."

당나라 때 편찬된 《수서》의 '열전' 후비전后妃傳에 나오는 이야기이다. 양견은 결국 어린 왕을 폐하고 선위의 형식을 밟아 제위에 올랐다. 그가 수隋나라를 세운 문제文帝이다. 독고 부인이 남편에게 보

고사성어로 보는 스토리 경제학

낸 편지에 '기수지세騎獸之勢'라는 말이 나온다. 기수지세란 맹수의 등에 탄(騎獸) 형편(之勢)이라는 뜻이다. 요즈음에는 '기호난하'라는 말이 더 친숙하게 쓰인다.

치킨게임

치킨게임이 바로 기호난하이다. 1955년에 개봉되어 당시의 젊은 이들에게 폭발적인 인기를 끌었던 영화 '이유 없는 반항'에는 주인 공 제임스 딘과 그 지역 보스가 생명을 걸고 벌이는 게임이 나온다. 자동차를 몰고 위험한 절벽 끝으로 달리기에서 먼저 브레이크를 밟는 사람이 지는 게임이다. 치킨게임chicken game이라고 불리는 이 담력 겨루기에서 진 사람은 친구 사이에 '겁쟁이 치킨'으로 불리게 된다. 서로 게임에 이기기 위해 아무도 브레이크를 밟지 않으면 두 사람 모두 절벽 아래로 추락하고 만다. 이처럼 경쟁 상대방 어느 한쪽도 양보하지 않고 극단으로 치닫는 경쟁을 치킨게임이라고 한다.

1962년 미국이 쿠바를 봉쇄하면서 미국과 소련이 벌였던 치킨게임은 역사에 회자되는 사건이다. 보통 쿠바 미사일 위기라고 불리는 사건의 개요는 다음과 같다. 당시 미국은 공산화된 쿠바에 미국을 겨냥한 소련의 핵미사일 기지가 건설되고 있음을 알아낸다. 미국은 이를 철거하라고 소련에 요구했지만 거절당한다. 미국은 쿠바 주변의 해상을 봉쇄한다. 하지만 소련은 미국의 해상 봉쇄를 묵살하고 함정을 봉쇄선을 향해 진행시킨다. 소련의 함정이 봉쇄선을 넘는다면 전쟁이 벌어지는 상황이 된 것이다. 온 세계가 숨을 죽이고 지켜보는 가운데 마지막 순간에 소련의 함정이 기수를 돌렸다. 이 사건으로 케네디는 자유 진영을 지키는 영웅으로 부상하였고, 흐루시초프는 나중에 실각하고 말았다.

시장에서 상대가 무너질 때까지 출혈 경쟁을 하는 것이 치킨게임이다. 어느 한쪽이 양보하지 않을 경우 양쪽이 모두 손해를 보게 된다. 한정된 시장에서 두 기업이 벌이는 광고 전쟁도 치킨게임의 일종이다. 이 경우 막대한 광고비를 투입하더라도 시장 규모는 변하지 않고 비용만 증가한다.

반값 할인, 좋은 것만은 아니다

대형 쇼핑몰이 내거는 엄청난 경품과 특별할인 소식은 소비자를 들뜨게 한다. 문 앞에 줄을 서서 기다리다가 열리기 무섭게 달려가서 할인 값에 물건을 산 소비자는 환하게 웃는다.

경품과 특별할인, 과연 좋기만 한 것일까? 정부는 과다한 경품 제공과 바겐세일 등의 할인 특매를 규제하고 있다. 반값 할인이나 경품 제공이 소비자에게 싼값으로 상품을 제공하기보다는 경쟁 상대방을 시장에서 몰아내려는 목적으로 이뤄지기 때문이다. 어느 기업이 치킨게임 식의 가격 인하 경쟁에서 이겨 상대방 기업을 퇴출시켰다고 하자. 살아남은 기업은 시장 지배자가 되어 독점력을 행사할 것이고, 이는 결국 가격 인상과 서비스 감소로 이어진다.

대형 유통업체가 가끔 내거는 반값세일도 마찬가지다. 반값이라는 것이 사실은 유통업계의 갑인 대형 마트가 생산자 또는 제조업자에게 값 후려치기로 납품을 강요한 결과일 수도 있다. 이로 인해 골목 상권이 망하고 납품업자가 쓰러지면 결국에는 소비자가 피해를 입는다. 심지어 할인 행사 직전에 가격을 두 배로 올렸다가 할인 판매를 함으로써 반값이라는 착시효과를 노리는 불공정행위도 있다. 시장에서 벌어지는 대부분의 치킨게임은 승자 독식으로 이어지고, 이는 사회후생의 축소를 가져온다.

반값 할인, 어쩐지 찜찜하더라니!

치킨게임 : 어느 한쪽도 양보하지 않아 극단으로 치닫는 게임.

기호난하騎虎難下 : 이미 시작된 일을 중노에서 그만 둘 수 없음.

(騎 : 말 탈 기, 虎 : 범 호, 難 : 어려울 난, 下 : 아래 하)

기호지세騎虎之勢 : 호랑이 등에 올라 탄 형국.

하로동선
夏爐冬扇

역 계절
마케팅

　더운 여름날 남녀 친구가 스포츠 용품을 파는 가게 앞을 지나가고 있다. 가게 안에서는 스키 용품 세일이 한창이다.

　여자 친구가 묻는다.

　"왜 여름에 스키 용품을 세일하지?"

　남자 친구가 아는 소리를 한다.

　"그게 바로 하로동선夏爐冬扇 마케팅이라는 것이지."

　여자 친구가 다시 묻는다.

　"하로동선? 하로동선이 뭐야?"

　젊은이들의 대화에 나오는 하로동선이라는 말은 후한시대 왕충이 저술한《논형論衡》'봉우편逢遇篇'에서 유래했다. 다음을 보자.

이로울 것이 없는 재능을 바치고 보탬이 되지 않는 의견을 내는 것은 여름에 화로를 바치고 겨울에 부채를 드리는 것과 같다. 군주가 바라지 않는 일을 하고, 듣고 싶지 않은 의견을 내는 자는 화를 만나지 않으면 다행이다. 하물며 어찌 복을 바라겠는가.

하로동선의 '하로'는 여름(夏) 화로(爐)를, '동선'은 겨울(冬) 부채 (扇)를 뜻한다. '하로동선'은 여름의 화로와 겨울의 부채처럼 때에 맞지 않아 쓸데없는 사물을 비유할 때 쓰는 말이다.

역逆계절 마케팅

그런데 하로동선 개념에 역발상逆發想이 일어났다. 하로동선이라는 성어가 '지금 당장 필요하지 않지만 미래를 위해 준비한다'는 뜻으로 사용되기 시작한 것이다. 여름철 스키용품 세일이 바로 그것이다.

하로동선이라는 사자성어가 대중들에게 널리 알려진 것은 1990년대 말 총선에 출마했다가 낙선한 정치인 몇명이 모여서 '하로동선'이라는 식당을 열고부터이다. 이들은 당시에 여름 화로와 겨울 부채처럼 당장은 필요 없지만 나중에 긴요한 존재가 되겠다는 뜻으로 식당 이름을 하로동선이라고 지었다[9]

여름에 화로를 팔고 겨울에 부채를 팔듯이 여름에 스키 용품을, 겨울에 에어컨을 할인 판매하는 하로동선 마케팅을 역계절 마케팅이라고 한다. '역계절 마케팅' 하면 떠오르는 것이 여름철에 열리는 모피 행사이다. 모피 의류는 고급 겨울옷으로 매우 비싼 상품이다. 사람들은 모피 의류를 갖고 싶지만 비싼 가격 때문에 망설인다. 그런데 마침 여름에 모피 행사가 열리고 있다. 매장에는 모피 의류가 싼값에 나오고, 올 겨울에 출하될 신상품도 선보인다. 그 동안 윈도우 쇼핑으로 아쉬움을 달래곤 하던 소비자에게는 모피 의류를 싼값에 구입할 수 있는 기회이다. 기업의 입장에서는 재고 상품을 처리하거나 신상품에 대한 시장의 반응을 미리 점검하는 기회이다.

쇼핑 좀 한다는 사람은 말한다.

"모피 코트는 여름에 사는 거야."

쿨 비즈, 웜 비즈

더운 여름날의 스키용품 판매만큼이나 신기한 캠페인이 있으니 '쿨 비즈' 운동이다. 쿨 비즈 운동의 표어는 다음과 같다.

"넥타이를 풀고 시원한 옷을 입읍시다."

여름에 넥타이를 풀고 시원한 옷을 입는 것은 너무나 당연한 일이다. 그런데도 왜 시원한 차림을 하자는 캠페인이 벌어지고, 광고까지 나오는 것일까? 그것은 냉방 시설의 보편화 때문이다. 사무실과 가정의 냉방 시설 덕분에 오늘날 우리는 여름에도 시원하게 살고 있다. 하지만 냉방 시설을 가동하는 데는 엄청난 에너지가 소모된다. 한여름에 전력 수요가 급증하는 이유이다. 그래서 등장한 것이

냉방시설의 가동을 줄여 에너지를 절약하자는 쿨 비즈cool biz 운동
이다. 쿨 비즈는 쿨 비즈니스cool business의 줄임말로, 넥타이를 풀고
시원한 차림으로 사무실 근무를 하자는 것이다. 한편, 웜 비즈warm
biz 운동이란 겨울에 따뜻한 차림을 하자는 캠페인이다. 웜 비즈 운
동의 표어는 "내복을 입읍시다"이다. 겨울철에 옷을 한 겹 더 껴입
어서 난방장치의 가동을 줄이자는 운동이다.

쿨 비즈와 웜 비즈는 여름에 시원하게 입고 겨울에 따뜻하게 입
자는 당연한 일로 되돌리자는 것이다. 기업은 이를 마케팅에 적극
활용하고 있다. 여름에 노타이 패션을 판매하고, 겨울에는 조끼 등
보온 복장 판매에 나선 것이다. 이 추세에 힘입어 여름에 반바지 정
장도 권장되는 요즈음이다. 애초에 하로동선이란 여름과 겨울을 뒤
집은 역발상 마케팅이다. 그런데 역발상을 한 번 더 뒤집은 것이 쿨
비즈와 웜 비즈이다. 여름에 부채를 사고, 겨울에 화로를 사자는 말
이니, 구태여 말하자면 하선동로夏扇冬爐 운동이 일어난 셈이다. 역
의 역은 정正이다.

역逆계설 마케팅 : 여름에 겨울 상품을, 겨울에 여름 상품을 파는 판매 전략.

하로동선 夏爐冬扇 : 여름 화로와 겨울 부채.

(夏 : 여름 하, 爐 : 화로 로, 冬 : 겨울 동, 扇 : 부채 선)

고장난명
孤掌難鳴

끼워
팔기

2010년 남아공월드컵에 참가하는 우리 축구 대표팀에게 건네고 싶은 말을 묻는 설문조사에서 '고장난명孤掌難鳴'이 선정되었다. 4년 후 브라질 월드컵 때의 설문조사에서도 또다시 고장난명이 선정되었다. '축구는 혼자 할 수 없으니 협력하라'는 메시지를 전한 것이다.

신하와 군주는 이루고자 하는 일은 같으나 그 쓰임은 서로 다르다. 군주의 걱정거리는 하고자 하는 일에 신하의 호응이 없을 때 나온다. 한 손으로는 아무리 빠르게 박수를 치더라도 소리가 나지 않는다. 신하의 근심은 한 가지 일에 전념하지 못하는 데서 나온다. 오른손으로 동그라미를, 왼손으로는 네모를 그리려고 한다면 둘 다 그릴 수 없다. 잘 다스려지는 나라에서 군주는 북채와 같고 신하는 북과 같다.

고사성어로 보는 **스토리 경제학**

《한비자》의 '공명편功名篇'에 나오는 내용이다. 한비는 한 손만으로 박수를 치면(一手獨拍) 소리가 나지 않는다(雖疾無聲)고 말했다. 이 말에서 사자성어 '고장난명'이 나왔다. '고장난명'의 '고장孤掌'은 '한 손바닥'을 뜻하며, '난명難鳴'은 '울지 못 한다'는 뜻이다. 우리 속담에 "두 손뼉이 맞아야 소리가 난다."는 말이 있듯이, 한 손으로는 제 아무리 빠르게 박수를 치더라도 소리가 나지 않는다.

완전보완재

우리는 다양한 상품을 소비하며 살아간다. 상품에는 한 가지만 소비해도 효용을 얻을 수 있는 것이 있는가 하면, 반드시 두 가지 상품을 동시에 소비해야 효용을 얻는 것도 있다. 수어지교에서 설명한 바와 같이 두 가지를 동시에 소비해야 효용을 얻는 상품을 보완재라고 한다.

안경테와 안경알은 서로 보완재 관계인데, 반드시 1:2의 비율로 사용되어야만 안경의 역할을 한다. 구두 또한 오른쪽 구두와 왼쪽 구두가 1:1의 비율로 사용될 경우에만 신발로서의 효용을 발휘한다. 프린터와 잉크, 면도기와 면도날도 정해진 비율로 사용될 때만 효용을 가져다준다. 이처럼 두 상품을 사용하면서 반드시 일정한 비율을 맞춰주어야만 효용을 발휘하는 상품을 '완전보완재'라고 한다. 완전보완재를 사용할 때 한 재화만 구입하고 부수 품목을 구입하지 않으면 무용지물이 된다. 면도날 없는 면도기는 쓸 모 없다는 뜻이다.

끼워 팔기

밀접한 보완 관계가 있는 두 재화를 같이 판매하는 것을 끼워 팔기라고 하는데, 완전보완재는 그 특성 때문에 끼워 팔기가 가능하다. 특정 품목을 싸게 팔아 구매를 유도한 뒤 부수 품목을 비싸게 팔 수 있다. 구입한 프린터를 놀리지 않으려면 잉크가 아무리 비싸도 사야 한다. 완전보완재 생산자는 시장에서 갑이 된다. 후진국이 선진국으로부터 첨단 기계를 들여와 가동하려면 기계를 가동하기 위해 부품도 같이 수입해야 하는데, 그 부품 값은 예외 없이 비싸다. 이것이 완전보완재가 가지는 특성이요, 그 때문에 나타나는 후진국의 비애이다.

거래 강제

법이 금지하는 끼워 팔기를 하는 기업도 있다. 자사 상품을 팔면서 부당하게 다른 상품을 같이 구입하도록 강요하는 행위이다. 거래 관행에 비추어 볼 때 그 상품은 별개의 상품으로 판매되는 상품인데도 억지로 구입하도록 하는 경우이다. 이러한 끼워 팔기는 불공정거래 행위에 속하고 금지된다. 불법 끼워 팔기를 거래 강제라고도 한다.

완전보완재 : 두 상품을 일정한 비율로 사용해야 효용을 발휘하는 상품.

끼워 팔기 : 보완 관계가 있는 두 재화를 묶어서 판매하는 마케팅 기법.

거래 강제 : 상품을 팔면서 다른 상품을 같이 구입하도록 강요하는 행위.

고장난명 孤掌難鳴 : 한 손바닥으로는 소리를 내지 못한다.

(孤 : 외로울 고, 掌 : 손바닥 장, 難 : 어려울 난, 鳴 : 울 명)

7

금융_

풍환, 포트폴리오로 맹상군을 구하다

금본위제도
은본위제도

남북전쟁이 일어날 즈음 미국에서는 금과 은을 같이 화폐로 사용하는 복본위제도를 채택하고 있었다. 그 후 1873년에 화폐제조법을 제정하여 금본위제도를 채택하였다. 금본위제도하에서 금이 많이 생산되면 돈이 풍부하여 물가가 오르고, 적으면 물가가 떨어진다.

물가 하락이 괴로워

금본위제 시행 당시 미국에서는 경제 규모에 비해 금이 부족했고, 물가가 계속 하락했다. 물가가 하락하면 돈을 가진 사람은 가만히 앉아서 이득을 본다. 반면에 돈이 없거나, 빚이 있는 사람들은 손해를 본다. 물가가 계속해서 하락하자 노동자와 농민들의 생활이 어려워졌다. 노동 임금은 낮아지고, 농사를 지어봤자 곡식은 헐값이었다. 물가 하락으로 노동자와 농민의 삶이 곤궁해지자 화폐제도가 정치문제로 떠올랐다. 노동자와 농민은 은본위제도를 채택하자고 주장했다. 생산량이 풍부한 은을 화폐로 사용하면 물가 하락을 막을 수 있다는 생각에서다.

그 후 금본위제, 은본위제 논쟁은 대통령 선거 때 주요 쟁점이 되었다. 1896년 대통령 선거에서 민주당 후보 브라이언W. Bryan은 복본위제도를 공약으로 내걸었다. 농민과 노동자, 그리고 남부인들이 민주당을 지지했다. 공화당은 금본위제도의 지속을 주장했다. 부유층과 북부인들은 공화당을 지지했다. 선거는 공화당의 승리로 끝났다. 복본위제도를 주장했던 서민들은 큰 실망에 빠졌다.

프랭크 바움L. F. Baum이 1900년에 쓴 동화《오즈의 마법사》는 이러한 시대적 배경에서 나왔으며, 화폐제도에 대한 메시지를 담고 있다.

오즈나라에 간 도로시

캔자스에 살던 말괄량이 소녀 도로시는 어느 날 회오리바람에 실려 올라갔다가 오즈 나라에 도착한다. 도로시는 고향으로 돌아가고 싶어 한다. 도로시가 고향으로 돌아갈 수 있는 유일한 방법은 마법사 오즈의 도움을 받는 것이다. 도로시는 허수아비, 양철 나무꾼, 겁쟁이 사자와 함께 노란 벽돌 길을 따라 오즈가 살고 있는 에메랄드 성으로 간다.

동화에서 에메랄드 성은 수도인 워싱턴을 뜻하고, 에메랄드빛은 미

국 화폐인 달러의 색깔이다. 허수아비는 농민을, 양철 나무꾼은 노동
자를 상징한다. 겁쟁이 사자는 대통령 선거에 나왔다가 낙선한 브라
이언이다. 노란 벽돌 길은 금본위제도를 상징한다. 갖은 모험 끝에 오
즈의 성에 도착한 도로시는 마법사 오즈에게 집에 보내달라고 부탁한
다. 그러나 마법사는 도울 힘이 없는 엉터리다. 도로시는 결국 은구두
의 힘으로 그리운 고향으로 돌아온다.

동화 〈오즈의 마법사〉는 금본위제도가 엉터리 화폐제도이고, 서
민들이 고생해서 얻는 것은 결국 가난이라는 것을 풍자하였다. 도
로시가 고향으로 돌아가도록 도와주는 것은 오즈가 아니라 은銀구
두이다. 도로시가 은구두로 땅을 건드리자 소원이 이뤄진다. 은구
두는 은본위제도를 상징한다. 작가는 은본위제도가 서민을 빈곤에
서 벗어나게 해줄 것이라고 생각했고, 이러한 생각을 동화 속에 암
시한 것이다.

달러는 은화의 흔적이다

우리는 금속화폐하면 금화金貨부터 생각한다. 하지만 인류가 금
속화폐를 사용하는 동안 실제로 유통된 화폐는 대개 은화銀貨였다.
우리나라와 중국의 역사극을 보면 대금을 결제할 때 무거운 궤짝을
전하는 장면이 가끔 나온다. 궤짝 속에는 말발굽 비슷한 모양의 은
괴銀塊가 가득 들어 있다. 말굽처럼 생겼다고 해서 마제은馬蹄銀이라

고사성어로 보는 스토리 경제학

고 불리는 은화이다. 마제은은 원래 중국에서 통용된 화폐인데 품질이 좋아 우리나라에서도 고액 거래나 재산 보관용으로 널리 사용되었다.

미국 달러dollar의 명칭도 은화에서 나왔다.[10] 16세기 경 체코의 보헤미아 지역에서 대규모의 은광이 발견되면서 은화가 대량으로 주조되기 시작했다. 은화의 이름은 은광이 있는 계곡의 이름을 따서 요하임스 탈러, 또는 탈러taler라고 불렸다. 탈러는 품질이 좋아 전유럽에서 널리 통용되었고, 나중에는 유럽 지역에서 화폐를 지칭하는 대명사가 됐다. 이탈리아의 탈레로, 네덜란드의 다알더, 스페인의 달레라dalera 등의 화폐 이름이 모두 탈러에서 나왔다. 이 중 스페인의 달레라는 미국 달러의 어원이다. 미국은 독립 후에도 영국의 파운드와 함께 프랑스, 스페인에서 발행한 지폐 및 주화, 그리고 각 주가 독자적으로 발행한 화폐를 같이 사용하고 있었다. 여러 종류의 화폐를 사용하면서 불편을 느끼던 미국은 1785년에 대륙회의를 열고, 스페인 달레라dalera를 미국의 화폐로 채용하기로 결정했다. 달레라의 영어 발음이 달러dollar이다. 즉 달러의 뿌리는 은화이다.

bank: 왜 금행이 아니고 은행인가

이제 평소에 궁금한 것 하나 알아보자. 돈과 관련되는 단어는 금전, 금융기관, 금융시장 등 금金이라는 말을 사용한다. 은행은 돈을 취급하는 곳이다. 그렇다면 은행은 당연히 금행이라고 불러야 하지 않을까. 은행bank은 왜 금행金行이 아니고 은행銀行일까?

은행은 당·송 시대의 '금은행'이라는 말에서 나왔다. '행行'은 동업조합을 뜻한다. 도시의 상업구역에는 동업 점포가 나란히 늘어선 거리가 있었다. 동업 점포는 '행'이라 불렸다. 비단을 취급하는 동업 점포는 견행絹行, 곡식을 취급하는 동업 점포는 미행米行, 금은을 취급하는 동업 점포는 금은행金銀行이라고 불렸다. 그리고 금은행이라는 말이 줄어서 은행이 되었다. 금행이라고 줄일 수 있는데도 은행이라고 줄인 것은 은이 금보다 더 광범위하게 화폐로 사용되었기 때문이다.

한편, 한자를 읽는 방식에 의하면 금은행의 '행'은 '항'이라고 읽어야 맞지만 관습에 의해 '행'이라 읽는 것으로 굳어졌다. 만약 금은행이라는 말이 금행으로 줄어들었고, 읽는 방식도 원칙에 따랐더라면 은행은 '금항'이라고 불렀을 것이다.

금본위제도: 금의 일정량을 화폐의 기본단위로 삼는 화폐제도.

은본위제도: 은의 일정량을 화폐의 기본단위로 삼는 화폐제도.

복본위제도: 금과 은을 화폐의 기본단위로 삼는 화폐제도.

금은행 金銀行: 금과 은을 취급하던 점포 행렬.

고사성어로 보는 스토리 경제학

옥석혼효
玉石混淆

그레셤
법칙

중국의 오호십육국시대는 천하가 어지러운 시대였다. 정치와 사회가 혼란했고 사람들은 사치와 퇴폐에 물들어 있었다. 동진東晉에 살던 갈홍은 이러한 세상풍조를 개탄했다.

시경과 서경을 도의의 큰 바다라고 하면 제자백가의 글은 이를 보충하는 냇물이라고 할 수 있다. 이들은 길은 달라도 도덕을 향해 나아가고 있다는 점은 같으며, 행하는 방법은 달라도 교화한다는 점은 같다. 옛 선인들은 곤륜산의 옥은 아니더라도 구슬을 함부로 버리지 않았고, 성인의 글이 아니더라도 수양이 되는 말을 함부로 흘려버리지 않았다.

한나라, 위나라 이후에도 본받을 만한 교훈이 많이 나왔다. 그러나

이를 올바르게 평가할 만한 성인이 나타나지 않았다. 소견이 얕은 사람들은 글을 읽더라도 글자 풀이에만 골몰하지, 깊은 뜻을 이해하려 하지 않는다. 천박한 시와 노래는 감상하지만 뜻깊은 제자백가의 글은 가벼이 여긴다. 유익한 금언을 하찮게 생각하고 공허하고 화려한 것은 좋아한다.

그래서 참과 거짓이 뒤바뀌고 옥과 돌이 뒤섞이며(混淆), 아악도 속악 같은 음란한 음악으로 보고, 용무늬를 넣은 아름다운 비단옷도 갈포로 만든 옷으로 본다. 세상 모두가 그러하니 참으로 개탄스럽기 짝이 없다.

갈홍이 저술한 《포박자》에서 '옥석혼효玉石混淆'라는 사자성어가 나왔다. 옥석혼효란 옥玉과 돌石이 뒤섞여(混淆) 있어서 좋고 나쁨을 구별하기 어렵다는 말이다. 좋은 것과 나쁜 것이 뒤섞인 세상에서는 대개 나쁜 것이 설치고 돌아다닌다. 선악이 뒤섞일 때 악이 극성을 부리는 것은 옛날이나 지금이나 여전하다.

유레카!

고대 그리스 시대 어느 날, 시라쿠사 거리를 발가벗고서 "유레카! 유레카!"를 외치며 미친 듯이 달려가는 사내가 있었다. 이 사내는 유명한 수학자이자 과학자인 아르키메데스Archimedes였다. 시라쿠사의 히에론Hieron II 왕은 아르키메데스에게 왕관이 순금인지 아니면 구리가 섞였는지 알아보라고 명령했다. 단, 왕관을 깨뜨리지 말고 알아내라는 조건이 붙어있었다. 어느 날 아르키메데스는 목욕을 하다가 잊고 있었던 부력을 생각해내고, 왕관이 순금으로 만들어졌는지 알아낼 실마리를 얻었다. 그는 하도 기뻐서 옷 입는 것도 잊어버리고 '알았다'라는 뜻의 유레카eureka를 외치며 거리를 질주했다.

금세공품을 만들 때 값싼 구리를 섞어 만들면 큰 이익을 남길 수 있다. 그래서 "금장이 금 불리듯 한다."라는 속담까지 생겨났다. 화폐 주조권자는 금에 불순물을 섞어 화폐를 제작함으로써 큰 이득을 남길 수 있다. 어떤 나라에서 불량 금화를 순 금화와 함께 유통시킨다고 하자. 사람들은 순 금화가 손에 들어오면 즉시 장롱 속에 넣어 보관하고 불량 금화만 지불에 사용한다. 따라서 시중에는 양화良貨는 숨어버리고 악화惡貨만 유통되는 현상이 나타나게 된다.

그레셤 법칙

16세기 왕실의 재정고문이었던 그레셤T. Gresham은 엘리자베스 1세에게 보낸 편지에서 이 현상을 "악화가 양화를 구축한다."라고 표현했다. 그 후 악화가 양화를 구축하는 현상을 '그레셤 법칙Gresham's law'이라고 부른다. '구축'이란 몰아낸다는 뜻이다. 그런데 사실, 악화가 양화를 구축하는 현상은 지동설을 주장한 코페르니쿠스가 가장 먼저 설명했다. 코페르니쿠스는 자신의 저서《화폐론》에서 그레셤보다 훨씬 앞선 15세기에 이미 악화가 양화를 구축한다고 설명했다. 말하자면 약소국의 코페르니쿠스가 강대국의 그 레셤에게 지적재산권을 빼앗긴 것이다.

조선조 고종 때 발행한 당백전當百錢은 전형적인 악화이다. 조선 왕실은 당시 통용되던 상평통보에 비해 액면가치가 100배인 주화를 발행했다. 이 당백전의 액면은 상평통보의 100배지만 소재가치는 5~6배에 불과했다. 5원짜리 상품에 100원이라는 정가표를 붙여 판매한 셈이다. 백성들은 당백전을 외면했다. 당백전을 발행한 것은 경복궁 건축 비용을 충당하기 위해서였다. 나라에서는 당백전 통용을 장려하였지만 백성들은 당백전 받는 것을 꺼렸다. 어쩔 수 없이 당백전을 받으면 즉시 무엇인가를 구입함으로써 처분하려고만 했다. 좋은 돈은 숨어버리고 당백전만 지불수단으로 사용된 것이다. 경제에 혼란만 준 당백전 제도는 다음 해에 발행이 중단되었다.

시뇨레지 seigniorage

화폐 제조비용보다 더 큰 액면가치를 만들어서 얻는 이득을 시뇨레지seigniorage라고 한다. 즉 소재가치와 액면가치의 차이가 시뇨레지이다. 우리말로는 '화폐발행 차익'이라고 한다. 지폐는 시뇨레지가 크게 발생한다. 금속화폐는 제조에 고도의 기술이 요구되기 때문에 만들기 어렵고, 상당한 가치를 가진 귀금속이 들어가기 때문에 비용도 많이 든다. 이에 비해 지폐는 종이로 만들기 때문에 재료비가 적게 먹히고 만들기도 쉽다. 지폐가 통용되는 오늘날의 정부는 지폐 발행을 통해 시뇨레지를 획득하려는 유혹을 받는다.

중국의 금나라가 단기간에 국력이 약해진 것은 지폐의 남발에도 원인이 있다. 만주지역 여진족이 세운 금나라는 송을 남으로 밀어내고 중원을 차지했다. 적절한 화폐제도를 가지고 있지 않았던 금나라는 송나라에 '교자交子'라는 지폐가 유통되는 것을 보고 자기들도 지폐를 발행하여 사용하기 시작했다. 문제는 지폐가 발행하기 쉽고 발행자에게 막대한 이득을 가져다준다는 점이다. 금의 정부는 화폐 발행이 가져다주는 단맛에 끌려 지폐를 남발했고, 그 지폐가 신용을 잃자 경제가 혼란에 빠졌다. 군사적으로는 강성한 금나라였지만 경제가 무너지자 나라가 쉽게 무너지고 말았다. 화폐 남발로 패망한 금나라의 경험은 후세에 주는 교훈이다.

시뇨레지 : 소재가치와 액면가치의 차이, 화폐발행차익.

그레섬 법칙 : 악화가 양화를 구축하는 현상.

옥석혼효 玉石混淆 : 좋은 것과 나쁜 것이 뒤섞임.

(玉 : 구슬 옥, 石 : 돌 석, 混 : 섞일 혼, 淆 : 뒤섞일 효)

현재소비
미래소비

한때는 콜럼버스가 아메리카 대륙을 발견했다는 것이 정설이었다. 하지만 콜럼버스가 아메리카에 도착하기 이전, 대륙에는 이미 원주민 인디언이 살고 있었다. 어떤 이들은 말을 바꿔서 콜럼버스가 유럽인 최초로 아메리카 대륙에 갔다고 말하지만 이마저도 사실이 아니다. 바이킹 족은 콜럼버스보다 수백 년 전에 아메리카 대륙을 자기 집 드나들 듯이 왕래하면서 북동부 해안을 대구잡이 기지로 사용하고 있었다. 우리가 참이라고 생각한 일이 사실은 오류인 경우도 많다.

조삼모사

춘추시대 송나라에 저공이라는 사람은 집에서 여러 마리의 원숭이를 길렀다. 그와 원숭이는 친근해져서, 서로의 뜻을 이해하고 마음을 알아차리는 정도가 되었다. 원숭이 수효가 많아지자 먹이가 부족해졌다. 집안 식구들이 식사를 줄여가면서 원숭이를 먹였지만 그래도 부족했다. 저공이 원숭이들을 불러놓고 말했다.

"앞으로 도토리를 아침에는 세 알, 저녁에는 네 알을 주겠다."

원숭이들이 안 된다고 화를 내자 저공이 다시 말했다.

"그렇다면 아침에는 네 알을 주고 저녁에는 세 알을 주겠다."

원숭이들은 그렇게 하자면서 좋아했다.

열어구《열자》'황제편皇帝篇'에 나오는 이야기다. 이 우화에서 '조삼모사朝三暮四'라는 사자성어가 나왔다. 조삼모사는 눈앞에 보이는 차이만 알고 결과가 같은 것을 모르는 어리석음을 비유하는 데 쓰인다. 하지만 원숭이가 어리석다는 조롱은 맞지 않다. 엄밀히 말해서 원숭이는 경제 논리에 맞는, 즉 합리적인 선택을 했다.

이자의 발생

조삼모사 우화에서 주인과 원숭이는 아침과 저녁에 몇 개씩 먹을까 줄다리기를 하고 있다. 이 의견 조정의 핵심은 '시간선호'에 따른 이자利子를 지불해야 하는가이다. 이를테면, 원숭이들이 이자를 받겠다고 나선 것이다.

조삼모사 우화와 이자는 어떤 관계가 있는 것일까? 우선 경제학에서 이자 발생에 대해 어떻게 설명하는지 알아보자. 이자 발생 원인을 설명하는 학설로 생산력설, 제욕설, 유동성선호설, 시간선호설 등이 있다. 생산력설은 생산력을 갖는 자본재를 구입하는데 필요한 자금을 빌려준 대가가 이자라고 하는 주장이다. 제욕설은 현재소비를 억제하는 데서 오는 고통과 희생에 대한 대가가 이자라는 주장이다. 유동성선호설은 유동성 포기의 대가가 이자라는 주장이다.

시간선호설은 뵘바베르크와 어빙 피셔 등이 주장한 학설이다. 현재소비와 미래소비의 선호 차이가 이자를 발생시킨다는 주장이다. 사람들은 현재소비와 미래소비 중 어느 소비를 더 선호할까? 미래는 늘 불확실하기에 위험하다. 사람들은 불확실한 미래보다 확실한 현재에 더 많은 가치를 부여한다. 대부분의 사람들은 미래소비보다 현재소비를 더 선호한다. "오늘 쉰 냥이 내일 백 냥보다 낫다."라는 속담은 이러한 경향을 잘 표현해 준다. 누군가에게 현재소비를 포기하고 미래소비를 택하게 하려면 그에 대한 보상, 즉 이자를 주어야 한다. 제욕설과 비슷하다.

원숭이의 시간선호

원숭이가 먹이를 받을 때 아침에 세 개를 받거나 아니면 네 개를 받거나 하루에 먹는 도토리 수는 일곱 개로 똑같다. 하지만 소비의 시간선호를 고려할 때 '현재소비 3개, 미래소비 4개' 보다는 '현재소비 4개, 미래소비 3개'를 선택하는 것이 유리하다. 원숭이들은 아침을 먹고 일터(놀이터겠지만)에 나간다. 일터에 나가기 위해서는 아침밥을 든든히 먹어야 한다. 저녁에는 잠자리에 들기 때문에 아침에 비해 덜 먹어도 된다. 즉 저녁에 4개보다는 아침에 4개를 먹는 것이 유리하다. 더구나 하루 동안 이 집에 무슨 일이 벌어질지 모른다. 저녁밥을 먹지 못하는 상황이 생길 수 있고, 원숭이가 다른 곳으로 팔려갈 수도 있다. 이처럼 미래소비에는 위험이 따른다. 예기치 못한 일로 저녁밥을 먹지 못하는 상황이 생기는 위험을 감안하면 아침에 한 개라도 더 확보하는 것이 유리하다.

현재의 돈은 투자를 통해 수익을 올릴 수 있고 당장 필요한 물건을 살 수도 있다. 즉 같은 액수의 돈이라도 현재의 돈이 미래의 돈보다 낫다. 현재의 돈은 시간가치time value of money가 있기 때문이다. 말하자면 원숭이는 돈의 시간가치를 알고 있었다. 돈이라는 것이 시간가치를 가지고 있는데도 주인은 이자를 주지 않으면서 현재소비를 줄이라고 요구했다. 원숭이들이 화를 낸 것이 당연하다.

시간선호:·소득을 소비와 저축에 배분하는 심리적 태도.

조삼모사朝三暮四:아침에 세 개 저녁에 네 개.

(朝:아침 조, 三:석 삼, 暮:저녁 모, 四:넉 사)

포트폴리오
portfolio

맹상군의 식객이 삼천 명에 달하자 영지에서 나오는 수입만으로는 식객을 대접할 수 없었다. 맹상군은 비용을 마련하기 위해 영지인에게 돈을 빌려주고 이자를 받기로 했지만 대부분이 1년이 넘도록 이자를 내지 않았다. 맹상군이 식객인 풍환에게 영지로 가서 빌려준 돈을 받아오라고 명했다. 풍환이 영지로 가면서 "돈을 받으면 무엇을 사올까요?" 하고 묻자 맹상군이 "무엇이든 좋다. 여기에 없는 것을 사오너라."라고 대답했다.

영지에 내려간 풍환은 돈을 갚기 어려운 사람들의 채무증서를 거두어서 불태워 버렸다. 풍환이 빚을 탕감해 주고 돌아오자 맹상군이 화를 냈다. 그러자 풍환이 "주군에게 필요한 것은 은혜를 베푸는 것입니다. 저는 채무증서를 주고, 주군에게 없는 은혜를 사왔습니다."

라고 말했다.

얼마 후 맹상군이 관직에서 쫓겨나 영지로 내려갔다. 영지인들은 채무를 탕감해 준 맹상군을 따뜻이 맞아 주었다. 한편 풍환은 왕을 설득하여 선왕의 종묘를 맹상군의 영지에 만들게 했다. 종묘가 맹상군의 영지에 있는 이상 왕은 맹상군에게 함부로 대하지 못했다. 맹상군은 풍환 덕에 화를 입지 않고 지낼 수 있었다. 여러 차례 도움을 받은 맹상군이 풍환을 치하하니 그가 대답했다.

"꾀 많은 토끼는 굴을 세 개 파두는 법입니다."

사마천《사기》'맹상군열전孟嘗君列傳'에 나오는 고사이다. 이 고사에서 '교토삼굴狡兎三窟'이라는 사자성어가 나왔다. '교토'는 꾀 많은 토끼를, '삼굴'은 세 개의 굴을 뜻한다. 꾀 많은 토끼는 굴을 세 개 파두어 위험에 대비한다는 뜻이다. 다람쥐도 겨울 먹이인 도토리를 여러 곳에 나누어서 묻어 둔다고 한다.

위험과 기대수익

바사니오는 돈을 빌리기 위해서 대금업자인 샤일록을 찾아갔다. 바사니오는 돈을 빌려주면 친구인 안토니오가 보증을 서준다고 말했다. 이 말을 들은 샤일록이 비아냥거렸다. "지금 안토니오님의 배는 모두 바다에 있습니다. 그런데 바다는 믿을 수가 없지요. 배는 판자조각에 불과한 것이고, 해적들에 태풍 위험까지 있지요." 우여곡절

끝에 바사니오는 돈을 갚지 못하면 살 한 파운드를 떼어준다는 조건
으로 돈을 빌렸다.

셰익스피어의《베니스의 상인》중 한 토막이다. 샤일록은 안토니
오의 재산 가치를 액면 그대로 인정할 수 없다고 말한다. 안토니오
의 재산이 위험을 내포한 재산이라는 것이다.

사람들이 주식이나 채권을 구입하는 것은 수익을 올리기 위해서
이다. 그런데 장미에는 가시가 있고, 산딸기 밑에는 뱀이 있다. 수익
을 가져다준다는 주식이나 채권에도 위험이 있다. 주식 투자자는 주
가의 오르내림에 따라 수익을 올리거나 손실을 입을 수 있다. 채권
도 마찬가지다. 발행자가 파산하면 이자는 물론 원금마저 날릴 수
있다. 수익 달성 여부가 불확실해서 확률에 의존하는 수익을 기대수
익이라고 한다. 투자자가 수익을 얻으려면 위험을 각오하되, 그 위
험을 줄이려는 노력을 해야 한다. 위험 회피 전략이 필요하다.

위험은 분산시켜라

라이트 형제는 인류 최초로 동력 비행을 한 사람이다. 이들이 비
행기를 제작하고 비행하던 당시에 비행기를 탄다는 것은 목숨을 건
행동이었다. 비행기가 추락해서 두 아들을 한꺼번에 잃을까 걱정한
아버지는 이들에게 비행기 탑승 원칙을 정해 주었다. 비행기를 타
기 전 동전 던지기를 해서 결정된 한 사람만 타라는 것이었다. 덕분

에 두 아들이 한꺼번에 다치거나 목숨을 잃는 일이 없었다. 최초의 동력 비행은 마침 동생인 오빌 라이트가 탔을 때 이뤄졌다고 한다. 한편 영국 왕실에서는 왕이나 왕위 계승권자가 비행기를 탑승할 때 차순위 계승권자와 함께 타지 않는 전통이 있다. 라이트 형제의 아버지나 영국 왕실의 비행기 탑승 전통은 위험을 분산하자는 지혜에서 나온 것이다.

옛 서민들의 신발은 짚신과 나막신이다. 비 오는 날에는 나막신을, 갠 날에는 짚신을 신었다. 짚신 장사는 비가 오면 짚신이 팔리지 않아 걱정이었다. 반면에 나막신 장사는 날이 맑으면 나막신이 팔리지 않아 걱정이었다. 그런데 짚신과 나막신을 같이 취급하는 신발가게에서는 비가 오든 안 오든 걱정할 필요가 없었다. 비오는 날에는 나막신이 팔리고, 맑은 날에는 짚신이 팔렸다. 그 신발가게는 두 가지 신발을 모두 취급함으로 위험을 낮출 수 있었다.

포트폴리오 portfolio

주식이나 채권을 둘 이상의 여러 종목에 분산해서 보유하면 위험도가 낮아지는 성질이 있다. 즉 '분산투자의 이로움'이 발생한다. 토끼가 굴을 세 개 준비하는 것과 같다. 위험을 줄이기 위해 여러 종목에 분산해서 투자하는 기법을 '포트폴리오 portfolio'라고 한다.

구약 성경에도 포트폴리오 투자를 권하는 내용이 나온다.

"이 세상에서 네가 무슨 재난을 만날지 모르니, 투자할 때에는 일곱이나 여덟으로 나누어 하여라."[11]

　유대인은 수천 년 전부터 이러한 가르침을 받아왔다. 유대인이 이 재理財에 밝은 것은 우연이 아니다. 우리 조상 또한 위험을 줄이는 지혜를 후손에게 남겼다. 우리 조상은 분산투자니 위험 회피니 하는 유식한 말 대신 알아듣기 쉬운 말로 가르쳤다.

　"계란을 한 바구니에 담지 말아라."

기대수익 : 달성 여부가 불확실해서 확률에 의존하는 수익.

포트폴리오 : 위험을 줄이기 위해 여러 종목에 분산해서 투자하는 것.

교토삼굴 狡兔三窟 : 꾀 많은 토끼는 굴을 세 개 파둔다.

(狡 : 교활할 교, 兎 : 토끼 토, 三 : 석 삼, 窟 : 굴 굴)

　고사성어로 보는 스토리 경제학

불입호혈 부득호자
不入虎穴 不得虎子

고위험
고수익

"자, 잘 봤다 못 봤다 말씀들 마시고, 살림에는 눈이 보배. 이것이냐 저것이냐, 돈 놓고 돈 먹기. 산에 가야 범을 잡고, 물에 가야 고기를 잡지. 자, 돈 놓고 돈 먹기……."

시골 장터에서 야바위꾼이 손님을 부르는 흥겨운 타령이다. 야바위 꾼은 작은 컵 세 개를 탁자 위에서 이리저리 옮겨가며 어느 컵에 동전이 들어있는지 알아맞히라 유혹한다. 쉽게 알아맞힐 수 있을 것 같지만 웬걸, 자신있게 짚은 컵은 항상 비어 있다. 돈을 딴 야바위꾼은 계속 큰 소리로 말한다.

"자, 돈 놓고 돈 먹기요, 산에 가야 범을 잡지."

불입호혈 부득호자

후한後漢 시대에 반초라는 서생이 살았다. 반초는 살림살이가 넉넉지 못해서 남의 글을 필사하는 일로 생계를 꾸려가고 있었다. 그는 장부로 태어나 글 쓰는 삶으로 살아가는 자신의 모습을 한탄하곤 했다. 어느 날 서역 일대에 흉노의 침입이 잦다는 소식이 들려왔다. 반초는 붓을 던지고 군에 들어갔다. 반초는 흉노와의 전투에서 잇따라 전과를 올린 공으로 군관에 발탁되었다. 그 후 30여 년 동안 서역에 머물며 부족들을 한漢에 복속시키고 경제와 문화 교류를 증진시켰다. 서역에는 50여 개의 크고 작은 나라가 있었다. 선선국도 그 중의 하나였다.

반초가 서역의 선선국에 사신으로 갔을 때 일이다. 선선국의 왕은 반초 일행을 극진히 대접하였다. 그러던 어느 날 갑자기 왕의 태도가 차갑게 변했다. 이유를 알아보니 적대국 흉노에서 사절과 많은 군사들이 도착해서 동맹을 맺으려 한다는 것이었다. 선선국이 흉노와 동맹을 맺는다면 반초 일행은 목숨을 보장받을 수 없었다. 흉노의 군사에 비해 반초가 거느린 한나라 군사는 수가 적었다. 반초는 부하들을 모아놓고 말했다.

"지금 이곳에는 흉노군이 많이 들어와 있다. 우리는 그들에 비해 약하다. 호랑이 굴에 들어가지 않고는 호랑이 새끼를 잡을 수 없다. 저녁에 어둠을 이용하여 흉노군을 공격하자."

반초 일행은 흉노군 막사에 불을 지르고 습격하여 일망타진했다. 반초가 흉노군을 제압하고 사절의 목을 베자 선선국은 다시 반초 일행을 융숭히 대접했다.

중국 남북조시대 범엽이 지은《후한서》'반초전'에 나오는 이야기다. 이 고사에서 '불입호혈 부득호자(不入虎穴 不得虎子)'라는 성어가 나왔다. 불입호혈 부득호자란 호랑이굴(虎穴)에 들어가지 않고(不入)는 호랑이 새끼(虎子)를 잡을 수 없다(不得)는 뜻이다. 위험을 무릅쓰지 않고서는 큰 것을 얻을 수 없다는 뜻이다.

고위험 고수익

채권이나 주식에 투자하는 사람은 높은 수익을 바란다. 하지만 고수익을 얻으려면 고위험을 감수해야 한다. 이를 고위험 고수익이라 하고, 이러한 채권을 고위험 고수익 채권 또는 정크 본드junk bond라고 한다. 정크junk란 중국 연안에서 사용하는 작은 배이다. 미국에서는 정크가 쓰레기를 뜻하는 말로 쓰이고 있다. 정크 본드를 직역하면 '쓰레기 같은 채권'이라는 뜻이다. 정크 본드를 사두면 떼일 위험이 있는 반면 높은 수익을 얻을 수 있다. 정크 본드에 대한 호불호는 개인의 취향이다. '짧고 굵게' 방식의 투자자들이 정크 본드를 즐겨 찾는다.

우리나라에는 고위험 고수익 채권을 담당하는 자산관리공사 캠코(KAMCO)가 있다. 캠코는 금융기관이 보유하는 부실 자산의 정리와 부실기업의 경영 정상화 지원을 하는 기관이다. 캠코가 인수하는 채권은 대부분 고위험 채권이다. 캠코는 부실기업의 고위험 채권을 싼값에 구입한 뒤 기업의 재무 상황이 좋아지기를 기다리거나, 회생하도록 도와준다. 기업이 회생하면 채권을 팔아 차익을 남길 수 있다. 고위험 채권은 매입할 때 값이 싸기 때문에 일단 기업을 살리기만 하면 큰 차익을 얻을 수 있다. 캠코는 2004년 약 9천억원의 자금을 투입하여 부도 직전의 대우건설을 매입하였다. 2년 뒤 대우건설이 부실에서 벗어났다. 캠코는 대우건설을 매각하였으며, 이 매매를 통해 무려 4조 5천억원의 차익을 남겼다. 위험을 무릅쓰고 호랑이굴에 들어간 덕분에 호랑이 새끼를 잡은 것이다.

위험 프리미엄

부도 위기에 몰린 대우건설의 채권처럼 고위험 채권은 값이 싸다. 위험성이 큰 채권을 아무도 선뜻 사려고 하지 않기 때문이다. 이 경우 기업은 채권 가격을 낮춰서 파는 수밖에 없다. 채권 가격이 낮아진다는 말은 수익률이 높아진다는 말과 같다. 위험도가 높은 채권을 사는 사람은 이자를 많이 받기로 하고 그 채권을 사준다. 즉 고위험 채권은 가산 금리를 붙여 줘야 팔린다. 이러한 가산 금리를 위험 프리미엄이라고 한다. 위험성이 큰 채권은 위험 프리미엄을 붙여서 고수익을 보장해야 팔린다는 의미이다.

2003년 경영 부실로 재무 상태가 나빠진 외환은행이 시장에 매물로 나왔다. 어느 기관도 선뜻 외환은행을 매입하려 하지 않을 때 론스타Lone Star가 나서서 외환은행을 인수했다. 8년 후 론스타는 외환은행을 되팔아 약 5조원의 차익을 남겼다. 론스타가 얻은 큰 차익이 바로 위험 프리미엄이다. 론스타가 짧은 시간에 거액을 챙겼다고 해서 먹고 튀었다는 뜻으로 '먹튀' 논란을 빚기도 한 외환은행 매각 사태는 고위험 채권에 투자하여 위험 프리미엄을 톡톡히 챙긴 사례이다. 산딸기 밑에는 뱀이 있다는 말을 뒤집으면 다음 말이 된다.

"뱀 있는 곳에는 산딸기도 있다."

위험이 있는 곳에 수익이 있다.

고위험 고수익 : 높은 수익을 위해 높은 위험을 감수하는 것.

정크 본드 : 신용등급이 낮은 기업이 발행하는 회사채.

위험 프리미엄 : 고위험 채권에 추가로 붙는 금리.

불입호혈 부득호자不入虎穴 不得虎子 : 호랑이 굴에 들어가야 호랑이 새끼를 잡을 수 있다.(不 : 아닐 불, 入 : 들 입, 虎 : 범 호, 穴 : 굴 혈, 得 : 얻을 득, 子 : 아들 자)

입도선매
立稻先賣

선물
先物

"화투는 백석지기 노름이요 미두는 만석꾼 노름"이라는 말이 있다. 미두란 쌀의 선물先物 거래를 말한다. 선물 거래란 현재 계약하되 상품은 나중에 인도되는 방식의 거래를 말한다. 일제 강점기 군산, 인천 등 쌀 수출항에는 미곡취인소米穀取人所라고 쌀과 콩 등의 선물거래소가 있었다. 일본은 조선에 들어와 공출을 통해 쌀을 수탈했을 뿐만 아니라 미두장을 개설해서 가격 조작 등의 방법으로 착취를 자행했다.

다음은 조정래의 대하 역사소설《아리랑》8권에 나오는 내용이다.

논까지 축 나기 시작하자 정재규는 본전이라도 채울 심산으로 더욱 미두에 혈안이 되었다. 미두란 이름 그대로 쌀 시세를 놓고 벌이는 투기였다. 다시 말하면 3개월 단위로 미리 쌀값을 예측해서 쌀을 팔고 사는 행위였다. 돈을 미리 내는 선불 매매로 이루어지는 그 거래는 그 야말로 덫 놓인 덤불 속을 걸어가야 하는 투기였다. 1만 석을 샀다가 석 달 후에 값이 폭락하면 그 차액만큼은 고스란히 손해였다.

소설 속 정재규는 만석꾼 아들이다. 그는 미두米豆 노름에 미쳐서 재산을 다 날리고 논두렁에 쓰러져 죽는다. 우리 농촌에는 진즉부터 미두 방식의 거래가 있었다. 먹을 것이 없거나 부채에 쪼들린 농민 은 논에서 자라고 있는 벼를 미리 팔아서 돈을 마련하곤 했던 '입도 선매立稻先賣'가 그것이다. '입도'란 익지 않아 아직 논에 서 있는 벼를 말하며, '선매'란 미리 판다는 뜻이다.

밭떼기: 선물先物

김장철 밭떼기 거래도 입도선매 식 선물 거래이다. 김장배추 농사 는 날씨에 따라 작황이 달라지고, 이에 따라 가격도 들쑥날쑥 변한 다. 농부는 배추 값이 떨어져 씨앗 값도 건지지 못할까 걱정이다. 어 느 정도 값만 쳐준다면 미리 팔아 수입을 안정적으로 확보하고 싶 어 한다. 반면에 중간상인 중에는 시세 차익을 겨냥해서 미리 배추 를 사두고자 하는 사람도 있다. 농부와 중간상인 사이에 예측과 이 해관계가 맞아 떨어지면 미리 매매계약이 이루어진다. 이러한 거래 는 대개 밭떼기 방식으로 성사된다. 채소나 곡물을 밭에 심어져 있는 상태로 사고파는 매매를 밭떼기라고 한다.

밭떼기 계약을 미리 해둔 농부는 정한 수준의 가격이 보장됨에 따라 작황에 따른 가격 변동의 위험을 피할 수 있다. 한편 중간상인은 수확철에 배추 값이 상승하면 이익을 얻는다. 애초에 계약된 싼값에 배추를 살 수 있기 때문이다. 농부는 위험을 피하기 위해서, 그리고 중간상인은 차익을 얻기 위해서 밭떼기 매매를 한다.

미두, 김장배추 밭떼기 등 선물은 파생상품의 일종이다. 선물 이외의 파생상품으로는 옵션과 스와프가 있다.

옵션과 스와프

옵션이란 미리 가격을 정해 계약을 하되 정한 기간이 되면 '내 맘대로' 사거나 팔 권리를 갖는 거래이다.

옵션은 두 가지 종류로 나눌 수 있는데, 상품 구입권을 가지는 계약을 콜옵션call option이라 하고, 판매권을 가지는 계약을 풋옵션put option이라고 한다. 상품 구입권이나 판매권을 갖기 위해서는 프리미엄을 미리 내야 한다. 프리미엄을 지불하고 옵션권을 쥔 사람은 유리할 경우에는 구입권이나 판매권을 행사하고, 불리한 경우에는 포기할 수 있다. 반면에 옵션권을 팔아버린 사람은 프리미엄을 미리 받아먹은 죄(?)로 코 꿰인 사람이 되어서 옵션권자가 하자는 대로 해야 한다.

친한 두 친구가 각각 근무하는 두 자동차회사는 자기 회사 직원이 자동차를 구입하면 할인해 주는 제도를 시행하고 있다. 그런데 공교롭게 두 사람이 서로 친구 회사의 자동차를 좋아하는 바람에 할인 혜택을 받을 수 없다. 이 경우에 두 사람이 각각 자기 회사에서 자동차를 할인 혜택을 받아 구입한 다음, 차액을 정산하고 교환해서 사용하면 서로 이익이다. 이와 같은 방식의 거래를 스와프swap 거래라고 한다.

스와프 거래는 주로 금융시장이나 외환시장에서 활발하게 이루어지고 있다. 그 구체적인 예를 들어보면 다음과 같다.

A사는 위안화를 값싸게 조달할 수 있지만 달러가 필요하다. 한편 B사는 달러를 값싸게 조달할 수 있지만 위안화가 필요하다. 두 회사는 미리 합의하여 1단계로 A사는 위안화를, B사는 달러화를 각각 유리한 값에 구입한다. 2단계로 두 회사가 달러와 위안화를 바꿔 사용한다. 결과적으로 A, B 두 회사 모두 필요한 외화를 값싸게 조달한다.

선물 거래 : 현재 계약하되 상품은 나중에 인도되는 방식의 거래.

옵션 : 상품을 미리 정한 가격으로 매매할 권리를 가지는 거래.

스와프 : 상품과 거래 소건을 교환하여 사용하기로 하는 계약.

입도선매立稻先賣 : 아직 익지 않은 벼를 미리 팔다.

(立 : 설 입, 稻 : 벼 도, 先 : 먼저 선, 賣 : 팔 매)

본말전도
本末顚倒

꼬리-개
효과

전국시대 조나라 혜문왕의 왕비는 제에서 출가해 온 위후威后였다. 위후는 당시 제후 사이에 널리 알려진 덕이 높은 왕비였다. 어느 해 위후의 친정인 제나라 왕이 조나라에 사신을 보냈다. 사신은 먼저 조왕을 알현한 다음 위후를 찾아 인사를 드렸다.

사신이 위후를 방문하고서 제왕이 보낸 문안 편지를 드렸다. 위후는 편지를 뜯어보지도 않고 물었다. "농사는 별 탈이 없는가? 백성들은 편안한가? 왕께서는 잘 계시는가?"

사신은 위후가 농사와 백성의 안부부터 묻자 언짢아서 말하였다.

"저는 제나라 왕의 명을 받들어 조를 방문한 것입니다. 왕후께서는 왕의 안부는 묻지 않고 농사나 백성의 안부부터 물으십니다. 어찌하여 비천한 것을 앞세우고 귀한 것을 뒤로 하십니까?"

위후가 대답했다. "그렇지 않다네. 만약 농사가 잘 되지 않으면 어찌 백성들이 잘 살 수 있으며, 백성이 없다면 어찌 임금이 있을 수 있겠는가? 이런 이유에서 내가 그리 물었던 것인데, 이것을 놓고 본말이 바뀌었다(顚倒)고 할 수 있겠는가?"

유향의 《전국책》 '제책齊策'에 나오는 내용이다. 위후와 사신이 나눈 대화에서 '본말전도本末顚倒'라는 사자성어가 나왔다. 본말전도에서 '본말'이란 근본(本)과 지엽(末)을 뜻하며 '전도'란 뒤집어졌다는 뜻이다. 근본적인 것과 지엽적인 것이 바뀌었다는 뜻이다. 사신은 농사부터 묻는 위후에게 임금의 안부가 먼저 아니냐고 말했지만, 위후는 농사와 백성이 본本이고 임금은 말末이라고 생각했다.

왝 더 독 wag the dog

1998년에 개봉되어 인기를 끌었던 '왝 더 독Wag The Dog'이란 영화가 있다. 이 영화는 위정자가 자신의 치부나 부정행위에 대한 국민들의 관심을 돌리려고 언론을 통해 연막전술을 쓰는 행위를 그리고 있다. 왝 더 독은 금융시장의 용어인 '꼬리-개 효과tail wagging the dog'에서 나온 말이다. 꼬리-개 효과란 주식시장에서 선물 가격이 현물시장을 교란하는 현상을 말한다.

사람들은 주식시장에서 주식의 현물과 선물의 가격을 비교하여 사거나 팔거나 한다. 낮다고 판단하는 쪽을 사들이고 높다고 생각하는 쪽을 판다. 이러한 거래는 대개 컴퓨터 프로그램을 이용하여 매매가 동시에 이루어진다. 그래서 이러한 거래를 프로그램매매라고 한다. 이제, 주식시장에서 현물은 팔면서 선물을 사들이는 프로그램매도가 대규모로 발생한다고 하자. 현물이 일시에 대량 공급되면 주가가 큰 폭으로 하락한다. 반면에 현물을 사들이고 선물을 팔아치우는 프로그램매수가 대량으로 발생하면 주가가 큰 폭으로 오른다. 선물 거래의 등장으로 주식시장이 크게 흔들릴 수 있다는 뜻이다. 사실 선물이라는 것은 파생상품이다. 즉 본이 아니라 말이다. 선물 거래가 현물시장을 흔든다는 것은 꼬리가 몸통을 흔드는 것과 같다.

2008년 뉴욕 월 스트리트에서 시작된 글로벌 금융위기도 꼬리가 몸통을 흔든 경우이다. 글로벌 금융위기는 서브프라임 모기지론sub-prime mortgage loan으로부터 출발했다. 서브프라임 모기지론이란 미국에서 신용 등급이 낮은 저소득층을 대상으로 주택자금을 빌려주는 주택담보대출을 말한다. 미국에서는 대출을 받아 집을 사려는 일반 개인의 신용 등급을 3가지로 나눈다. 신용 등급이 높으면 프라임, 중간은 알트-A, 낮으면 서브프라임이라고 한다. 주택시장이 호황을 이루자 미국 금융기관은 신용이 낮은 서브프라임 등급에도 주택담보대출을 시작했다. 서브프라임 대출 채권을 가진 금융기관은 이 채권을 담보로 하여 계속해서 2차, 3차 파생상품을 만들어냈다. 그 후 주택 경기가 상승을 멈추고 하강하자 부실채권이 발생

고사성어로 보는 스토리 경제학

하기 시작했다. 부실의 여파는 파생상품 전체로 확산되었으며, 결국 이들 파생상품은 원상품 시장인 금융시장 전체를 흔들어 버렸다. 그것이 바로 서브프라임 모기지론 사태이며, 이 금융시장 붕괴사태를 보통 글로벌 금융위기라고 부른다.

세계적인 투자의 귀재 워런 버핏W. Buffett은 일찌감치 파생금융상품의 부작용을 예견했다. 그는 "파생금융상품은 금융시장의 시한폭탄이며, 대량 살상무기다."라고 입버릇처럼 말했다.

파생금융상품의 부작용을 방지하기 위해서는 금융정책 당국의 규제가 필요하지만 그것이 말처럼 쉽지 않다. 이해 당사자의 저항이 만만치 않기 때문이다. 그러다가 대형 사고가 터지면 그때서야 규제에 나서지만 그나마 시간이 지나면서 흐지부지되고 만다. 돈줄을 쥐고서 막강한 로비력을 발휘하는 대형 금융기관을 규제한다는 것은 매우 어렵다.

꼬리 – 개 효과 : 주식시장에서 선물 가격이 현물시장을 교란하는 현상.

본말전도 本末顚倒 : 근본적인 것과 지엽적인 것이 바꿔짐.

(本 : 근본 본, 末 : 끝 말, 顚 : 엎드러질 전, 倒 : 넘어질 도)

순망치한
脣亡齒寒

은산분리
정책

우리 속담에 "입술이 없으면 이가 시리다"라는 말이 있다. 중국에서도 같은 뜻인 '순망치한脣亡齒寒'이라는 말이 춘추시대부터 널리 사용되어 왔다. 이 책에서도 보거상의와 함께 순망치한을 소개하였다. 순망치한은 입술(脣)이 없어지면(亡) 이(齒)가 시리다(寒)는 뜻이다.

재위 26년 가을 7월에 왕(溫祚)이 다음과 같이 말하였다.

"마한은 점점 쇠약해지고 윗사람과 아랫사람의 마음이 갈리어 그 형세가 오래갈 수 없을 것 같다. 만일 남에게 병합된다면 입술이 없어질 때 이가 시린(脣亡齒寒) 격으로 후회하더라도 이미 늦을 것이다. 차라리 남보다 먼저 병합하여 훗날의 어려움을 면하는 것이 더 나을

고사성어로 보는 **스토리 경제학**

것이다."

겨울 10월에 왕이 사냥한다는 핑계로 군사를 내어 마한을 습격하고 드디어 그 국읍을 병합하였다. 다만 굳게 지킨 원산 금현 두 성의 항복은 받아내지 못했다.

고려시대 김부식이 쓴 《삼국사기》 '백제본기百濟本紀'에 나오는 내용이다.[12] 이 기록을 보면 중국 춘추시대에 사용되기 시작한 순망치한이라는 말이 일찌기 한반도에서도 사용되었음을 알 수 있다.

은산분리

도미노 게임에서 말 하나가 쓰러지면 다른 말도 연속적으로 쓰러지듯이 어떤 하나의 사태가 원인이 되어 주변에 잇따라 비슷한 사태를 불러일으키며 확산되는 현상을 도미노 현상이라고 한다. 은행의 대규모 예금 인출 사태를 뱅크 런(bank-run)이라고 하는데, 뱅크 런은 도미노 현상의 특성을 가지고 있다. 한 은행에서 뱅크 런이 일어나면 곧바로 다른 은행에도 인출 사태가 일어난다.

소유 관계에 있는 기업 중 하나가 무너지면 다른 기업도 무너지기 쉽다. 은행을 소유하고 있는 기업이 무너지면 은행도 무너진다. 은행이 무너져서 국가 경제에 미치는 파장은 기업이 무너지는 것과는 비교가 안 될 정도로 크다. 사실 은행불사銀行不死라는 말은 은행이 망하지 않는다는 뜻이라기보다는 '은행은 망하게 둘 수 없다'는 뜻이 더 강하다. 이 때문에 은행에 대한 규제는 다른 산업에 비해 엄격한 편이다. 우리나라도 은행의 소유 구조와 업무 영역을 엄격히 규제하고 있다. 은산분리제도와 전업주의가 그것이다.

은산銀産 분리제도란 산업자본의 은행 소유를 원칙적으로 금지하는 제도를 말한다. 은행자본과 산업자본을 분리하는 정책이라고 해서 은산분리라는 말이 나왔다. 산업자본의 은행 소유를 금하는 이유는 기업이 도산하는 경우 은행 도산으로 이어져 경제 사회를 혼란에 빠뜨릴 수 있기 때문이다. 은산분리는 은행의 사금고화를 막는 장치이기도 하다. 기업이 은행을 소유하면 은행을 계열사의 지원 수단으로 이용하거나, 은행에서 돈을 빌려 다른 기업을 사들이는 등 은행이 기업의 사금고로 전락할 염려가 있다. 은행이 기업의 사금고처럼 이용되면 자금이 효율적으로 배분되지 못한다.

전업주의

규모가 큰 건물에는 복도 중간에 방화벽firewall이 설치되어 있다. 방화벽은 화재가 발생할 경우 불길이 복도를 타고 계속 번지는 것을 막기 위해 설치하는 구조물이다.

금융산업에도 방화벽이 있다. 한 금융기관의 부실이 다른 기관으로 확산되는 것을 방지하기 위하여 은행기관과 비은행금융기관을 분리하고, 금융업무 등을 법으로 규제하는 것이다. 이러한 규제를 칸막이 방식, 또는 전업주의제도라고도 부른다. 전업주의제도 하에서는 금융기관이 각각 고유의 금융서비스만을 수행하도록 전문화하고, 다른 업무에의 참여가 제한된다.

미국은 법을 제정해서 명시적으로 전업주의를 도입한 나라이다. 1930년대에 미국에 대공황이 발생했을 때이다. 당시 미국 정부는 은행이 백화점 방식으로 업무를 확장하다가 도산 사태에 이르렀다고 판단했다. 정부는 1933년에 상업은행과 투자은행의 업무를 분리한 전업주의 내용의 글라스-스티걸 법Glass-Steagall Act을 제정했다. 상업은행은 여수신 업무만 하도록 하고, 투자은행은 증권 업무만 하도록 업무를 분리한 것이다. 한 마디로 은행이 고객이 예금한 돈으로 주식 투자를 해서는 안 된다는 것이었다. 대공황을 겪으며 도입된 전업주의 전통은 그 뒤로 약 40년 동안 지속되었다.

겸업주의

1970년대로 접어들자 전업주의를 계기로 성장했던 증권회사들이 수익을 확대하기 위해 은행업에 손을 뻗기 시작했다. 은행은 은행대로 방대한 조직을 이용하여 증권업에 손을 대기 시작했다. 이러한 배경 아래 겸업주의로 가자는 주장이 나왔다. 은행이 증권업 등 종합적인 금융 서비스를 제공하도록 하자는 것이었다.

결국 미국은 1999년에 금융회사의 겸업을 허용하는 법을 제정하였다. 은행이 백화점식 겸업주의로 되돌아간 것이다. 겸업을 허용하는 이 법안이 시행되자 각종 투자은행이 생겨나 급속도로 업무 영역을 넓히고 성장했다. 뉴욕의 월 스트리트는 금융자본이 넘쳐흐르며 흥청거리기 시작했다. 그리고 월 스트리트에 위험이 다가왔다. 글로벌 금융위기가 찾아온 것이다. 2008년 9월 리먼 브라더스가 무너지는 것을 시작으로 투자은행들의 연쇄 도산이 이어졌다. 칸막이를 없앤 것이 몰고 온 혼란이었다.

겸업제가 글로벌 금융위기를 불러온 원인으로 밝혀지면서 정책당국은 다시 전업주의 쪽으로 선회했다. 소 잃고 외양간 고치기요, 다람쥐 쳇바퀴 돌기였다.

은산분리 : 금융자본과 산업자본을 분리하여 은행소유를 제한하는 정책.

금융방화벽 : 금융기관 부실의 확산을 막기 위해 업무를 분리하는 장치.

전업주의 : 금융기관이 해당하는 고유의 서비스만을 제공하는 방식.

겸업주의 : 한 금융기관이 여러 금융서비스를 취급하는 방식.

순망치한脣亡齒寒 : 입술이 없으면 이가 시리다.

(脣 : 입술 순, 亡 : 잃을 망, 齒 : 이 치, 寒 : 찰 한)

고사성어로 보는 **스토리 경제학**

보험

　전국시대 연燕나라에 소왕昭王이 왕위에 올랐다. 당시 강성한 이웃 제齊나라는 연을 자주 침략해서 국토를 유린했다. 이에 소왕은 국력을 기르기 위해 인재를 널리 구하였다. 소왕이 인재를 구하는 과정에서 천금매골, 선시어외 등의 사자성어가 나온 것은 이미 설명했다. 소왕이 발탁한 인재 중에 악의樂毅 장군이 있었다.

　소왕은 악의를 시켜 제齊를 공격하고 70여 성을 빼앗았다. 그런데 제의 마지막 남은 거莒와 즉묵即墨 두 성은 끝까지 항복하지 않았다. 그 후 소왕이 죽고 혜왕이 즉위하였다. 혜왕은 태자 시절부터 악의와 사이가 좋지 못하였다. 당시 즉묵 성을 지키던 제의 전단田單은 이 사실을 알고 연나라에 첩자를 보내서 악의를 모함하는 말을 퍼뜨렸다.

"악의가 거와 즉묵 두 성을 점령하지 않고 그대로 둔 이유는 전쟁을 질질 끌어서 제나라 사람들의 인심을 얻은 다음 자기가 제의 왕이 되려고 하기 때문이다."

전단의 이간질에 넘어간 연 혜왕은 악의를 경질했다. 반간계를 통해 악의를 제거하는데 성공한 전단은 노약자와 부녀자를 성벽 위에 세워놓은 다음 연에 사신을 보내어 항복하겠다면서 말했다.

"이 돈을 드리니 저희 가족들은 포로로 삼거나 재산을 빼앗지 말고 편안하게 살도록(安堵) 해 주십시오."

연은 항복을 승낙하고서 경계를 풀어 버렸다. 전단은 화공으로 연을 공격하였다. 방심한 연나라는 대패했다. 전쟁에 이긴 전단은 70여 개 성을 되찾았다.

사마천 『사기』 "전단열전"에 나오는 이야기다. 이 고사에서 안도安堵라는 말이 나왔다. 안도에서 '안安'은 편안함을, '도堵'는 담장을 뜻한다. 담장 안에서 편안히 사는 것을 안도라고 한다. 요즈음에는 근심걱정이 없음 또는 안심을 뜻하는 말로 쓰인다. 어떤 위험한 고비를 넘기고 나서 '안도의 한숨을 쉰다.'라고 말하는데 바로 안도다.

참고로, 대만과 중국 본토 사이에 있는 섬 금문도에는 장개석의 친필로 '물망재거勿忘在莒'라는 글을 새긴 비석이 있다. 글의 원뜻은 "거莒에 있던 것을 잊지 말라"라는 의미다. 당시 장개석은 본토를 빼앗기고 작은 섬인 대만에 들어와 있었다. 장개석은 제가 연에 빼앗

고사성어로 보는 스토리 경제학

겼던 땅을 수복한 것을 기억하고, 본토를 수복하자는 다짐으로 이
글을 썼다고 한다. 이후 물망재거는 어렵던 시절을 기억하라는 교
훈으로 쓰인다.

보험

우리가 사는 사회는 불확실한 사회이며, 위험으로 가득 차 있다.
크게는 전쟁, 지진, 기상 변화로 인한 식량 고갈 위험이 있으며, 개인
적으로는 질병, 화재, 교통사고 위험이 늘 도사리고 있다. 위험이란
어떤 손실의 발생에 관련한 불확실성에서 온다. 불확실성이란 장래
에 발생할 일을 예견할 수 없는 상태를 말한다. 즉 손실 발생 확률이
0과 1 사이에 존재하는 경우이다. 만약 손실 발생 확률이 1이면, 즉
어떤 손실이 발생이 확실하면 위험이 아니다. 또 손실 발생 확률이
0이라면 손실이 결코 발생하지 않는다는 것이고, 이 또한 위험이 아
니다. 위험은 손실 발생이 불확실한 데에서 온다.

위험이 있는 세상에서는 안도安堵가 필요하다. 안도를 가져다주
도록 고안된 사회적 장치가 보험이다. 보험의 원리는 '보험회사가
위험을 인수하고 안도를 주는' 것이다. 그 안도를 주는 값이 보험료
이다. 만약 사고가 발생하면 보험금을 주어서 사고로 인한 손해를
회복시켜주는 사회적 장치가 보험제도이다. 인류 최초의 보험은 무
역에서 발생했다고 한다. 아울러 근대 보험 역시 해상보험에서부
터 발달했다.

보험의 역사

세계 최초의 보험은 고대 바빌로니아의 보텀리Bottomrys라고 하는 '선박저당대차계약'으로 알려져 있다. 이 계약은 자금주가 무역을 위해 항해를 하는 선장에게 돈을 빌려주되, 안전한 항해를 채무 이행 조건으로 하는 계약이었다. 선장이 돈을 벌어 돌아오면 빌린 돈을 갚지만 사고를 당하여 돈을 벌지 못하면 빌린 돈을 갚지 않아도 되었다. 중세 때는 해상 무역이 확대됨에 따라 해상보험으로 발전하게 되었고, 육상의 교역 분야에까지 확대되었다. 보험은 해외 무역을 촉진하고 대탐험시대를 열었다. 콜럼부스나 마젤란의 항해 앞에는 인도와 신대륙의 향신료와 황금이 기다리고 있었고, 뒤에는 해상보험이 받쳐주었다. 화재보험은 1666년 런던 대화재 이후에 발달했다. 런던 대화재는 엄청난 재산 피해를 몰고 왔다. 이에 화재보험이 발달하게 되었고 런던은 해상보험과 화재보험의 중심지가 되었다.

우리나라는 1960년대 후반부터 경제개발 자금을 조달하기 위해서 생명보험 산업을 육성했다. 생명보험은 계약 기간이 길어서 안정적인 자금 조달의 통로였다. 당시 정부는 생명보험을 국민저축기관으로 지정하고 소득의 일정한 비율을 의무적으로 저축하도록 독려했다. 봉급생활자들이 자의반 타의반으로 생명보험에 가입했다. 덕분에 우리나라의 생명보험 산업 규모는 세계적이다.

보험: 위험을 인수하는 대신 안심을 주는 사회제도.

안도 安堵: 담 안에서 편안함 (安: 편안할 안, 堵: 담 도)

고사성어로 보는 스토리 경제학

8

거시경제_

진시황, 구조조정을 요구하다

행무행열苟茂苟悅: 낙수효과

설상가상雪上加霜: 스태그플레이션

금상첨화錦上添化: 골디락스 경제

반식재상伴食宰相: 잠재실업

거두절미去頭截尾: 워크아웃

행무행열

杏茂杏悦

낙수효과

최명희의 대하소설《혼불》은 양반 집안 종부 3대 이야기를 통해 우리 선조의 삶과 정신, 세시풍속 등을 주옥같은 문장으로 그려낸 작품이다. 문학평론가들은 이구동성으로 혼불을 '모국어의 보고'라고 평한다. 작품 속 언어는 정갈하고, 소리 내어 읽으면 판소리 한 대목을 읽는 것 같다는 평을 듣는다. 다음은 소설의 한 부분이다.

멀리서 보아도 한눈에 들어오는 아름드리 은행나무가 암수 서로 마주하고 서 있는 종가의 솟을대문 아래쪽으로는 형제, 지친과 그 붙이의 집들이 모여 있다.

"송무백열, 소나무가 무성하면 잣나무가 기뻐한다더니만, 이것은 행무행열, 큰집에 은행나무가 무성하니 우리 집에 살구나무가 즐거워

고사성어로 보는 스토리 경제학

하는 격이네그려. 허기는, 은행이나 살구나 무슨 속이 같아도 그리 같어서, 살구 행杏, 동자同字를 쓰겄는가마는” 하고 기응이 말하며…….

이 소설에는 송무백열과 함께 ‘행무행열杏茂杏悅’이라는 성어가 나온다. 행杏이란 은행을 뜻하기도 하고 살구를 뜻하기도 한다. 행무행열에서 앞의 ‘행’은 은행을 나타내고, 뒤의 ‘행’은 살구를 뜻한다. 무茂는 무성함을, 열悅은 좋아함을 나타낸다. 행무행열은 소설에 나오는 대로 ‘형님 댁의 은행나무가 무성하니 작은집의 살구나무가 좋아한다’는 의미이다. 형이 잘 되니 동생이 좋아하는 것이요, 부잣집이 잘 되면 가난한 집도 덕을 본다는 것을 말한다.

낙수落水효과

성장이 우선인가 아니면 분배가 우선인가? 성장론자는 파이pie의 크기를 먼저 키우고 나중에 공평하게 나누자고 주장한다. 반면에 분배론자는 먼저 공평하게 나누어야 파이를 키울 수 있다고 주장한다.

먼저 파이를 키우고 나서 공평하게 나누자는 사람들은 그 근거로 낙수효과를 내세운다. 양동이에 물이 가득차면 흘러넘쳐 아래를 적시듯이 고소득층의 소득이 커지면 저소득층에게 그 혜택이 돌아간다는 이론이다. 낙수효과가 나타나는 과정은 다음과 같다. 경제성장으로 고소득층의 소득이 증가하면 투자가 증가한다. 투자가 증가하면 국민소득이 증가한다. 국민소득이 증가하면 중소기업과 저

소득층에게도 혜택이 돌아간다. 그러니 성장이 우선이다. 낙수효과
를 '구들장 효과'라고도 한다. 아랫목이 따뜻하면 윗목도 따뜻해지
듯이 부유층의 소득이 증가하면 저소득층의 소득도 증가한다는 의
미이다.

1980년대에 미국의 로널드 레이건Ronald Reagan 행정부는 감세정
책을 추진하면서 이론적 근거로 트리클 다운trickle down 효과를 들었
다. 트리클 다운 효과의 우리말이 낙수효과이다. 감세 조치로 고소
득층의 소득이 증가하면 앞에서 설명한 대로 저소득층에게도 혜택
이 돌아간다는 논리였다. 하지만 감세 정책은 대기업과 부자에게만
혜택을 주었을 뿐, 저소득층에게는 혜택이 돌아가지 않고 정부의 재
정적자만 키우고 말았다.

분수효과

낙수효과에 대칭되는 용어로 분수효과fountain effect가 있다. 분수
효과는 저소득층의 소득 증가가 총생산 증가를 가져와 경제를 성장
시킨다는 이론이다. 저소득자는 일반적으로 소비성향이 높다. 저소
득층은 소득의 대부분을 소비 지출에 사용하기 때문이다. 저소득층
의 소득이 증가하면 소비가 증가한다. 소비 증가는 총생산 증가를
가져오고 총생산 증가는 국민소득 증가를 가져온다. 그러니 분배가
우선이라는 분배론자의 주장이다.

분배론자는 고소득층의 세금을 늘리고 그 재원으로 저소득층에

재분배하면 국민소득이 증가한다고 주장한다. 공평분배가 경제성장에 방해가 되는 것이 아니라 도움이 된다는 것이다.

논쟁은 여기서 끝나지 않는다. 분수효과에 대한 반론으로 로빈 후드 효과가 등장한 것이다. 로빈 후드는 귀족과 부유한 상인에게서 재산을 빼앗아 서민들에게 나눠 주었다. 그런데 로비 후드의 선행에 부작용이 나타났다. 로빈 후드에게 재산을 빼앗긴 귀족은 재산을 벌충하기 위해 더욱 가혹한 세금을 매겼고 상인은 로빈 후드를 피해서 성을 떠나 버렸다. 이에 따라 세금이 오르고 물건 값이 올랐다. 이처럼 불평등을 해소하기 위해 부를 재분배할 경우 사회 전체의 부가 축소되는 현상을 '로빈 후드 효과'라고 한다.

오늘날 낙수효과 주장은 설득력을 잃었다. 하지만 분수효과 또한 로빈 후드 효과라는 반론을 만나고 있다. 파이를 먼저 키울 것인가, 아니면 먼저 공평하게 나눌 것인가, 그 논쟁은 쉽사리 끝날 것 같지 않다.

낙수효과, 트리클 다운: 부유층의 소득 증가가 저소득층의 소득 증대로 이어지는 효과.

분수효과: 저소득층의 소비 증대가 전체 경기를 부양시키는 효과.

로빈 후드 효과: 부를 재분배할 경우 사회 전체의 부가 축소되는 효과.

행무행열 杏茂杏悅: 큰 집이 잘 되니 작은 집도 잘 된다.

(杏 : 은행 행, 茂 : 무성할 무, 杏 : 살구 행, 悅 : 기쁠 열)

스태그플레이션
stagflation

좋지 않은 일이 거듭 일어나는 것을 사자성어로 '설상가상雪上加霜'이라고 한다. 설상가상은 눈(雪) 위(上)에 서리(霜)를 더한다(加)는 말로, 눈이 와서 추운데 서리까지 내렸으니 더욱 춥게 된다는 뜻이다. 우리 속담 '엎친 데 덮친 격'과 비슷하다.

오르막과 내리막

길을 가다 보면 오르막이 있고 내리막이 있듯이, 경제의 흐름에도 상승기와 하강기가 있다. 경제활동이 활발한 호경기와 침체되는 불경기가 번갈아가며 나타나는 것이다. 경제에 호경기와 불경기가 번갈아 나타나는 과정을 경기변동이라 한다. 경기변동은 대개 일정한 주기를 두고 상승과 하강이 순환하는 모습으로 나타난다. 그래서 경기변동은 경기순환 또는 순환적 변동을 강조하기 위해 '경기 사이클business cycle'이라고도 한다.

경기순환은 일반적으로 호황, 후퇴, 불황, 회복의 네 단계를 거친다. 호황好況이란 모든 부문에서 경제활동이 활발하게 일어나고 상승하는 국면이다. 투자가 활발하게 일어나며 생산과 소득이 증가한다. 경제가 확장됨에 따라 고용이 증가하고 실업이 감소한다. 광범위한 물가 상승이 일어난다. 후퇴後退란 호황이 정점에 달한 뒤 경제활동이 둔화되면서 생산, 고용, 소득 등이 감소하고 기업의 이윤이 줄어드는 국면이다. 불황不況이란 경제활동이 침체된 국면을 말한다. 실업이 계속 증가하고 소비도 계속 감소한다. 기업의 재고가 증가하며 유휴시설이 늘어난다. 회복回復이란 불경기로부터 벗어나는 국면을 말한다. 회복 국면 이후에는 호황 국면으로 접어든다.

경기순환 국면에서 호황기에는 대개 물가가 상승하고 불황 때는 하락한다. 한 가지가 좋으면 다른 한 가지가 나쁘고, 한 가지가 나쁘면 다른 한 가지가 좋다. 그런데 어떤 경우에는 좋지 않은 상황이 겹쳐 발생하기도 한다. 그 예가 스태그플레이션stagflation이다.

스태그플레이션

스태그플레이션은 인플레이션inflation과 경기 침체를 뜻하는 스태그네이션stagnation이 합쳐져서 만들어진 단어로, 불황 중에 높은 비율의 물가상승이 이어지는 현상을 말한다. 경기 침체기에는 생산활동이 위축되고 실업이 증가하기 때문에 물가가 하락하는 것이 보통인데, 물가마저 상승하여 악조건이 겹치는 상황이다.

1970년대에 세계적인 스태그플레이션이 일어났다. 그 경과는 다음과 같다. 1967년에 이스라엘의 선공으로 시작된 제3차 중동전이 단 6일 만에 이집트의 참패로 끝나자 이집트를 비롯한 아랍 제국은 이스라엘을 지원하는 서구 진영에 대항하기 위해 석유자원을 무기화하기로 합의했다. 석유수출국기구(OPEC)를 장악하고 있는 중동 지역 산유국들은 담합을 통해 원유 생산량을 감축하기 시작했다. 시장에 원유의 공급이 감소하자 1960년대 말까지 1배럴당 약 4달러 정도이던 유가가 1970년대에 이르러 3배 이상 뛰었다. 원유 가격의 대폭 상승은 서구 공업국에 큰 타격을 주었다. 결국 세계적인 경기 침체가 발생하였다. 설상가상으로 고유가는 세계적인 인플레이션을 유발하였다. 고유가가 상품 생산 원가고를 야기해서 전반적인 물가 상승을 불러온 것이다. 경기 침체와 함께 물가가 상승하는 글자 그대로의 스태그플레이션 현상이 일어난 것이다.

세계적인 스태그플레이션은 경제학계에도 변화를 몰고 왔다. 케인스주의자에 눌려있던 통화주의자가 기지개를 편 것이다.

케인스와 루스벨트

원래 케인스주의자는 1930년대 대공황 때 등장했다. 그 동안 고전학파를 중심으로 한 경제학자들은 시장에 일시적인 불균형이 발생하더라도 보이지 않는 손이 작동하기 때문에 균형을 회복한다고 믿어 왔다. 하지만 1930년대에 닥친 대공황은 전혀 균형 회복의 기미를 보이지 않고 불황의 늪은 깊어지기만 했다. 이에 케인스와 그 추종자들은 대공황 극복을 위한 처방으로 정부의 경제 개입을 주장하였다. 루스벨트 대통령은 케인스의 처방을 수용하였다. 대공황 당시 미국 정부가 내놓았던 뉴딜정책은 유효수요 확대를 기반으로 하는 케인스주의 경제정책이었다. 대공황 이후에는 경제에 대한 정부의 개입이 당연한 것으로 받아들여졌다. 이렇게 해서 케인스주의는 정부의 불개입을 주장한 고전파 경제이론에 완벽한 승리를 거두는 듯했다. 그런데 뜻밖의 복병이 나타났다. 앞에서 말한 스태그플레이션이 발생한 것이다.

프리드먼과 레이건

스태그플레이션은 경제정책에 고전학파 전통을 이은 통화주의자들을 불러들이는 계기가 되었다. 통화주의자들의 진단은 간단했다. 스태그플레이션은 정부의 경제 개입 때문에 일어난 것이며, 스태그플레이션을 막으려면 정부가 경제 문제에서 손을 떼고 시장에 맡겨야 한다는 것이다.

때마침 영국과 미국에 새로운 정부가 등장했다. 영국에는 1974년에 마거릿 대처가 총리에 올랐고, 미국에는 1981년에 로널드 레이건이 대통령에 취임했다. 대처는 대처리즘Thatcherism이라고 불리는 경제정책을 내놓았고 레이건은 레이거노믹스Reaganomics라고 불리는 정책을 내놓았다. 대처리즘과 레이거노믹스는 고전학파의 전통을 따른 스태그플레이션 처방책이자 통화주의에 기반을 둔 경제정책이었다. 고전학파 경제정책의 기본은 경제를 시장에 맡겨야 한다는 것이었고, 통화주의는 이 흐름을 이어가는 학파였다. 때를 얻은 통화주의자들은 '경제를 다시 시장에 맡기자'는 주장을 내놓았고, 이러한 주장은 신자유주의로 이어졌다. 오늘날 세계를 풍미하는 신자유주의의 뿌리는 고전학파이다.

경기순환의 국면: 호황, 후퇴, 불황, 회복 등의 단계.

스태그플레이션: 경기침체 중에 물가가 상승하는 현상.

설상가상雪上加霜: 어려운 일이 겹치다.

(雪: 눈 설, 上: 윗 상, 加: 더할 가, 霜: 서리 상)

골디락스
경제

당송팔대가의 한 사람인 왕안석은 북송의 개혁 정치가이다. 왕안석은 신법을 제정하여 관료와 귀족의 횡포를 막고, 가난과 착취에 시달리는 농민을 돕는 정책을 펼쳤다. 하지만 그의 개혁 정책은 귀족과 관료의 반발을 불러일으켰고, 왕안석은 결국 공직에서 물러나 낙향했다. 다음은 왕안석이 은둔생활을 하던 때 쓴 시의 한 부분이다.

강물은 남녘의 들판 언덕을 서쪽으로 흐르는데
바람은 맑고 이슬은 보석처럼 화사하네
문 앞 버드나무집은 도잠이 살던 집이요
우물가 오동나무집은 총지가 살던 집이라

즐거운 초대를 받아 잔을 거듭 비우니

고운 노래는 비단 위에 꽃을 더한 격이라(麗唱仍添錦上花)

시에 나오는 도잠은 도연명陶淵明을, 총지는 진陳나라의 시인 강총江總을 의미한다. 왕안석의 이 시에서 '금상첨화錦上添花'라는 사자성어가 나왔다. 금상첨화는 비단옷(錦) 위에(上) 꽃(花)을 더한다(添)는 뜻이며, 좋은 일이 겹쳐 일어날 때 사용하는 말이다.

골디락스 경제

앞 장에서 경기 침체와 인플레이션이 겹친 스태그플레이션에 대해 설명했다. 이 장에서는 정반대 상황, 즉 호황 속에 물가는 안정된 경제에 대해 설명한다. 다음 동화를 읽어보자.

금발머리 소녀 골디락스Goldilocks는 숲 속에서 길을 잃고 헤매다 우연히 곰 세 마리가 사는 집에 들렀다. 골디락스는 곰 세 마리가 끓여 놓은 세 종류의 수프를 발견하였다. 세 수프 중 하나는 너무 뜨거워서, 하나는 너무 차가워서 먹기 어려웠다. 다른 하나는 뜨겁지도 차갑지도 않아 먹기에 좋았다. 배가 고팠던 골디락스는 세 번째 수프를 먹으며 좋아했다.

영국의 전래동화 '골디락스와 곰 세 마리'의 일부이다. 이 동화에

고사성어로 보는 스토리 경제학

는 곰 세 마리가 끓인 뜨거운 수프, 차가운 수프, 뜨겁지도 차갑지도 않아 먹기에 좋은 수프가 나온다. 경제학자들은 뜨거운 수프를 인플레이션에, 차가운 수프를 경기 침체에 비유했다. 뜨겁지도 차갑지도 않아 먹기에 좋은 수프는 '높은 경제 성장을 이룩하면서도 물가는 안정된 이상적인 경제'에 비유하고 이를 골디락스 경제Goldilocks economy라고 불렀다. 두 마리의 토끼를 잡은 경제가 골디락스 경제이다.

곰은 돌아온다

숲을 헤매느라 피곤했던 골디락스는 수프를 맛있게 먹고 나자 잠이 몰려왔다. 골디락스가 침실 문을 열어 보니 세 개의 침대가 보였다. 하나는 너무 딱딱하고, 하나는 너무 물러서 푹 파이고, 하나는 딱딱하지도 무르지도 않은 적당한 침대였다. 골디락스는 세 번째 침대에 올라가 잠을 잤다. 이 때 세 마리의 곰이 집에 돌아왔다. 곰이 보니 수프를 누군가 먹어버렸고, 낯선 소녀가 침대에서 자고 있었다. 곰은 화가 나서 소리를 질렀다. 골디락스는 혼비백산해서 도망쳤다.

골디락스의 뒷이야기다. 호시절 뒤에는 어려운 시절이 찾아온다. 좋은 수프를 먹고 좋은 침대를 한없이 즐길 수는 없다. 호시절에는 다음에 찾아올 역경에 대비해야 한다. 우리나라의 경우 3저 호황이 가져온 골디락스 경제를 잘 이용하지 못했다. 호황으로 벌어들인 돈을 설비투자나 연구개발 등에 사용하지 않고 부동산투기 등에 쏟았고, 그 여파로 몇년 후에 외환위기를 겪었다. 미국도 골디락스 경제를 너무 믿다가 글로벌 금융위기를 맞았다.

두바이의 대비

아랍에미리트 토후국 중 하나인 두바이Dubai는 연안 어업으로 살아가던 가난한 부족국가에 불과했지만 석유가 발견되자 오일 달러가 쏟아져 들어오기 시작했다. 석유자원이 언젠가는 고갈된다는 것을 아는 두바이는 벌어들인 돈을 차세대 먹거리를 준비하는 데 사용했다. 두바이를 관광과 교역의 중심지로 만든 것이다. 두바이는 공항을 확장하고 관광자원을 개발했다. 사막 가운데에 인공 스키장까지 만들었다. 버즈 알 아랍Burj Al Arab은 세계적으로 이름난 초호화 호텔로 하루 숙박료가 최소 100만 원에서 3천만 원에 이르지만 숙박 예약이 어려울 정도이다. 야자수 모양의 거대한 인공 섬 도시 팜 아일랜드에는 호화 호텔과 휴양 시설 및 주거 시설이 들어서 있으며 세계의 부호들이 주거지와 별장으로 분양받고 있다.

햇볕 날 때 건초를 말린 것이다.

골디락스 경제 : 성장하면서도 인플레이션은 일어나지 않는 경제.

금상첨화錦上添花 : 좋은 일에 또 좋은 일이 더하여짐.

(錦 : 비단 금, 上 : 윗 상, 添 : 더할 첨, 花 : 꽃 화)

잠재
실업

당나라 제6대 현종의 치세를 개원의 치(開元之治)라고 한다. 현종은 나중에 양귀비에 빠져 국정을 혼란에 빠뜨리기 전까지 당의 번영을 이끌었다. 당시 당의 수도 장안은 세계 각지에서 온 외교 사절, 유학생, 상인들로 북적이는 국제 도시였다. 현종의 치세는 요숭, 한휴, 송경 등 훌륭한 재상들의 보좌 덕분이었다. 다음은 요숭과 노회신의 일화이다.

개원 3년, 노회신이 황문감이 되었다. 황문감은 문하시중에 해당하는 벼슬이다. 노회신은 하도 청렴해서 처자식이 굶주릴 정도였으며, 그의 집은 비바람도 제대로 못 막을 정도로 낡았다.

요숭이 열흘간의 휴가를 받아 고향에 가자 노회신이 일을 대신 맡았다. 그런데 사무가 쌓이고 밀려도 노회신은 이를 제대로 처리하지 못하고 미뤄 두었다. 휴가에서 돌아온 요숭은 출근하자마자 잠깐 사이에 밀려있던 문제를 해결해 버렸다. 밀린 일을 마치고 나서 요숭은 부하 직원들을 돌아보며 물었다. "재상으로 내 일솜씨가 어떤가?" 이에 부하 직원들이 다음과 같이 대답했다. "가히 때를 구제하는 재상이라 할 수 있습니다."

노회신은 자신의 능력이 요숭에게 미치지 못한다는 것을 스스로 알아 매사에 요숭을 추천하였다. 이를 아는 사람들은 노회신을 반식재상이라고 불렀다.

원나라 때 증선지가 저술한 《십팔사략》에 나오는 이야기다. 이 고사에서 '반식재상伴食宰相'이라는 사자성어가 나왔다. '반식'은 함께 밥을 먹는다는 뜻이고, '재상'은 장관급 이상의 고위 관료를 말한다. 반식재상이라는 말은 함께 자리하여 밥만 먹는 관료, 또는 자리만 차지하고 있는 무능한 관료를 비꼴 때 쓰는 말이다.

잠재실업

자리만 차지하고 아무런 일도 제대로 하지 못하는 사람이 당나라의 재상 노회신만 있을까? 우리 속담에 '난쟁이 교자꾼'이라는 말이 있다. 교자轎子란 조선 시대에 종일품 이상의 양반이 타던 가마이다. 교자는 앞뒤로 두 명씩 네 명이서 가마를 어깨에 메고 다니도록 되어 있다. 교자를 멜 때는 어느 한쪽으로 기울어지지 않고 전후좌우가 수평이 유지되도록 해야 한다. 따라서 교자꾼들의 키가 비슷해야 한다. 교자꾼 중 한 사람의 키가 너무 작으면 교자가 기울어져서 사람을 태우지 못한다. 키 작은 사람은 교자 메는 데 도움이 되지 못한다 해서 그와 같은 속담이 나왔다.

산업이 아직 발달되지 않았거나 저개발 사회에는 일자리가 적다. 저개발 사회에서 사람들은 소득수준이 낮은 직업에 종사하거나, 특별한 기술이 없어도 손쉽게 할 수 있는 자영업으로 생계를 꾸려갔다. 이들은 취업해 있는 것으로 보이지만 실상은 실업자나 마찬가지여서 노동의 한계생산물은 영(零, 0)이거나 영에 가까웠다. 한계생산물이 영이라는 것은 그 노동자를 생산현장에서 빼내도 총생산물의 양이 변하지 않는다는 뜻이다. 그런데도 이들은 고용 통계에 실업자가 아니라 취업자로 잡힌다.

노동의 한계생산물이 영이거나 영에 가까운 노동력을 잠재실업이라고 부른다. 반식재상이나 속담에 나오는 난쟁이 교자꾼이 바로 잠재실업자이다. 잠재실업을 위장실업僞裝失業이라고도 한다. 어떤 사업장에 잠재실업자가 존재한다는 것은 생산에 필요하지 않은 사람이 존재한다는 뜻이다. 이 경우, 일부 노동자를 빼내도 총생산은 감소하지 않는다.

개발도상국 인구 밀집지역

1970년대 이전 우리나라 농촌에는 잠재실업자가 많았다. 학교에 제출하는 가정환경 조사서의 부모 직업란에 '농업'이라고 기재하지만, 사실은 이렇다 할 직업이나 일거리가 없는 부모도 많았다. 잠재실업은 개발도상국의 농촌 지역에 많이 존재한다. 이들 잉여 인구를 생산성이 있는 지역이나 일자리로 옮겨주면 사회 전체의 생산력이 증가할 수 있다. 우리나라의 경우 1970년대에 경제개발과 이농 현상이 두드러지게 나타나면서 동시에 경제발전도 이뤄졌다. 농촌의 잠재실업자가 도시로 이주하여 산업 노동자로 전환되어서 생산성 향상과 소득증대를 가져온 것이다.

어떤 사회에 잠재실업 현상이 존재하면 현재 근무하고 있는 노동자의 노동조건 개선이나 임금 인상을 막는 구실이 된다. 그보다 못한 조건으로 고용을 희망하는 인력이 존재하기 때문에 기업이 노동조건을 개선하는 노력을 게을리 할 수 있는 것이다.

"당신 아니어도 이 회사 올 사람 많아요!"

잠재실업: 노동의 한계생산성이 영(零, 0)이거나 영에 가까운 노동력.

반식재상 伴食宰相: 자리만 차지하고 있는 무능한 재상.

(伴: 짝반, 食: 먹을 식, 宰: 재상 재, 相: 재상 상)

거두절미
去頭截尾

워크아웃

중국 진시황 때의 일이다. 하루는 이사가 한비자의 부국강병을 위한 법치주의에 대해 이야기하기 시작했다. 이야기가 장황해지자 지루해진 시황은 이사에게 말했다.

"거두절미하고 요점만 말하라."

진시황이 말하는 '거두절미去頭截尾'는 머리와 꼬리는 자르고 몸통만 남긴다는 의미이다. '거두'는 머리를 자르는 것을, '절미'는 꼬리를 자르는 것을 뜻한다. 거두절미는 쓸데없는 말은 빼고 요점만 간단히 말한다는 뜻으로 쓰인다.

워크아웃

사람들이 체질을 개선하거나 체중을 감량하기 위해 다이어트를 하듯이 기업도 때로는 '체질 개선, 체중 감량'이라는 일종의 다이어트 작업을 한다. 기업의 다이어트는 만성 적자로 부도 위험이 있거나 방만한 경영으로 계열기업 집단이 부실해진 경우에 구조조정을 통해 이뤄진다. 기업이 효율을 높이고 수지구조를 개선하기 위해 수익성이 낮은 부분을 정리하거나 인원을 줄이는 것이 구조조정이다.

구조조정을 흔히 '워크아웃workout'이라고 부른다. workout이라는 단어는 개인이 건강을 위해 운동으로 군살을 제거하는 것을 의미한다. 워크아웃은 미국 영화배우 제인 폰다가 사용하기 시작했다. 젊어서 거식증과 마약중독에 시달리던 제인 폰다는 운동을 통해 건강을 되찾았고 이 과정을 비디오테이프에 담아 '제인 폰다의 워크아웃'이라는 이름으로 출시했다. 이 에어로빅댄스 테이프는 대중의 인기를 끌었고 워크아웃을 세상에 알렸다.

워크아웃을 경제용어로 등장시킨 사람은 제너럴일렉트릭(GE)의 잭 웰치 회장이다. 잭 웰치가 기업 재무구조 개선작업을 하면서 워크아웃이라는 말을 사용한 뒤 경제용어로 널리 쓰이게 된 것이다. GE는 에디슨이 세운 세계적인 전기회사이다. 잭 웰치가 최고경영자로 취임한 당시 GE는 경영 실적이 하향 곡선을 그리고 있었다. 잭 웰치는 경영에 필수적인 부문만 남기고 나머지 인력을 과감히 정리하는 구조조정을 단행했다. 30만 명을 헤아리던 GE 직원 수는 10년 동안에 20만 명으로 줄어들었다. 개인의 체질 개선 기법을 기업에 적용한 것이다. 덕분에 GE는 살아났다.

마중물

하지만 부실기업이 구조조정만으로 살아나는 것은 아니다. 부실기업의 특징은 차입 경영으로 부채가 많다는 점이다. 부실기업이 무너지면 채권자는 자금을 회수하지 못한다. 반면에 워크아웃으로 부실기업이 회생하면 채권자는 자금을 회수할 수 있다. 채권자는 가능하면 기업을 살리려 한다. 그래서 워크아웃은 채권기관의 협력으로 이뤄지는 것이 보통이다. 이때 필요한 것이 한 바가지의 마중물이다.

펌프로 물을 퍼 올리기 위해서는 먼저 마중물을 부어 주어야 한다. 펌프에는 밸브가 있는데, 펌프를 사용하지 않는 동안에는 말라 있게 마련이다. 밸브가 말라 있는 상태에서 펌프질을 하면 공기가 새기 때문에 기압 차를 이용해 물을 퍼 올릴 수 없다. 이 때 마중물이 필요하다. 펌프에 마중물을 부어주면 밸브가 젖어서 공기가 새지 않는다. 그 때 손잡이를 상하로 움직여 주면 압력 차에 의해 지하에 있는 물이 빨려 올라온다.

워크아웃과 마중물

워크아웃에도 마중물이 필요하다. 채권자가 기업의 부채 상환 만기를 연장해 주거나 추가 대출을 해주는 것이다. 일어서고자 하는 기업에 기댈 언덕을 마련해 주는 셈이다. 워크아웃 기업에 특혜성 도움을 주는 이유는 도산하도록 내버려 두는 것보다 체질 개선을 시켜서 살리는 것이 더 낫기 때문이다. 한 기업이 워크아웃 대상이 된다는 것은 그 기업의 재무구조가 좋지 않다는 것을 뜻한다. 이러한 기업에 채권자가 자금회수에 나서서 채무 상환만 독촉한다면 돈을 받기는커녕 파산을 재촉할 수 있다. 빌려준 자금을 받지 못하는 것은 물론이다. 부채 상환을 연기해주거나 신규 자금을 지원하여 기업이 회생하도록 도와주는 것이 낫다. 마중물을 부어 준다는 뜻이다. 단, 워크아웃 기업은 구조조정 등 채권자의 도움에 상응하는 자구自救 조치를 취해야 한다. 자구 조치로는 자산 매각, 계열사 정리, 인력 감축 등이 있다.

워크아웃을 통해 기업이 살아나고 채권자의 간섭에서 벗어나는 것을 워크아웃 졸업이라고 한다. 하이닉스는 2005년에 워크아웃에서 졸업했다. 부실기업의 대명사로 불리던 하이닉스가 워크아웃 과정을 거쳐 살아난 것이다. 채권단은 하이닉스가 워크아웃을 거치면서 재무구조를 개선하고 미래 생존 기반을 구축했다고 평가했다. 하이닉스는 워크아웃을 통해 200%가 넘던 부채비율을 50% 이하로 낮추었다. 안에서의 자구 조치와 밖에서의 마중물 덕분에 수익 구조도 대폭 개선되어 2004년 회계연도에 약 1조 7천억원의 순익을 기록했다. 거두절미의 결과로 하이닉스가 건강해진 것이다.

워크아웃 : 회생시킬 가치가 있는 기업을 구조조정해서 살려내는 작업.

거두절미 去頭截尾 : 머리와 꼬리를 자르고 몸통만 남김.

(去 : 갈 거, 頭 : 머리 두, 截 : 끊을 절, 尾 : 꼬리 미)

고사성어로 보는 스토리 경제학

9

미시경제정책_
문공, 공유지의 비극을 미리 알다

현옥매석衒玉賣石: 레몬시장

갈택이어竭澤而漁: 공유지의 비극

옥석구분玉石俱焚: 해로운 외부효과

상탁하부정上濁下不淨: 코즈 정리

수청무어水淸無魚: 최적 공해

레몬
시장

다음은 국토교통부의 보도 자료이다.

"앞으로 우리나라에 자동차의 교환 및 환불 권고제가 도입된다. 중대한 하자가 발생한 경우 자동차의 교환이나 환불이 가능하게 되는 것이다. 이는 미국의 '레몬법'과 유사하다. 이러한 제도들이 정착되면 자동차의 안전성과 소비자 보호 수준이 향상될 것으로 기대된다."[14]

국토교통부는 자동차에 제조회사의 고의 또는 과실로 인한 하자가 발생하는 경우 교환 또는 환불케 하는 제도를 도입하는 등, 자동차에 대한 소비자 권리를 강화한다고 발표했다. 그 뒤 2017년에 이른바 '한국형 레몬법'이 국회에서 통과되었다. 그런데 자동차 거래에 관한 제도에 왜 레몬법이라는 말이 나오는 것일까? 자동차와 레몬 사이에는 그럴만한 사연이 있다. 우선 다음 글을 보자.

  술수에 능한 교활한 자가 양자에게 말했다.
  "꾀를 잘 쓰면 싸우지 않고 상대의 군대를 굴복시킬 수 있으니 바로 요순의 방식이지요."
  이에 양자가 대답했다.
  "물론 싸우지 않고 상대의 군대를 굴복시키는 것은 요순의 방식이다. 그러나 사람을 죽여 그 피가 목과 머리를 적시는 것도 요순의 방식이라 할 수 있을까? 옥을 걸어놓고 돌을 파는 자(衒玉而賈石者), 이것이 당신네들의 술수 아닌가?"

한나라 때 양웅이 저술한《양자법언》의 '문도問道'에 나오는 내용이다. 양자법언은 성인의 삶과 왕도를 논한 유학서이다. 문도편에는 어느 길이 바른 길(道)인가에 대한 양자楊子와의 대화가 기록되어 있다. 양자는 교활한 자에 대해 '옥을 걸어놓고 돌을 파는 자'라고 불렀다. 이 말에서 '현옥매석衒玉賣石'이라는 사자성어가 나왔다. 현옥매석이란 옥玉을 진열해서 눈을 속이는(衒) 방법으로 값싼 돌(石)을 비싸게 파는(賣) 행위를 말한다. 단, 중국에서는 현옥매석 대신 '현옥고석衒玉賈石'이라고 쓴다. 우리나라에서는 판매를 나타낼 때 한자 '팔 賣(매)' 자를 사용하는 데 비해 중국에서는 '팔 賈(고)' 자를 사용한다. 중국에서 사용하는 고賈와 우리나라에서 사용하는 매賣의 뜻이 같다. 즉 현옥매석과 현옥고석은 같은 뜻이다. 양의 머리를 걸어 놓고 실제로는 개고기를 파는 것을 말하는 양두구육羊頭狗肉이라는 말이 우리에게 익숙한 것을 보면 상인이 물건을 속여 파는 일은 옛날부터 흔히 있었던 모양이다.

레몬시장 lemon market

이제 레몬과 자동차가 어떻게 연결되는지 알아보자. 레몬은 모양이 오렌지와 비슷하지만 맛은 전혀 다르다. 오렌지는 입에서 씹히는 알갱이와 달콤한 과즙으로 인기 있는 과일이다. 이에 비해 레몬은 거의 쓴 맛이 날 정도로 시고 단맛이 적어 직접 먹지 못한다. 겉 다르고 속 다르다. 그래서 영어권에서는 레몬lemon이라는 단어가 '성능과 품질이 나쁜 상품'을 나타내는 말로도 사용된다.

시장에 겉모양은 비슷하지만 품질이 나쁜 상품과 좋은 상품이 뒤섞여 나오면 그 시장은 결국 품질 나쁜 상품이 판치게 된다. 예를 들어 중고차시장에 겉으로는 비슷한 우량차와 불량차가 절반씩 섞여 나오는데, 우량차는 800만 원 정도의 가치가 있고 불량차는 400만 원 정도의 가치가 있다고 하자. 이 시장에서 중고차를 판매하는 사람이나 구매하는 사람 모두가 차의 성능을 잘 안다면 그 품질에 해당하는 가격에 거래될 것이다. 그러나 현실은 그렇지 않다. 판매자는 중고차의 성능을 잘 알지만 구매자는 잘 알지 못하는 경우가 태반이다. 이 경우 중고차시장은 매매 거래가 정상적으로 이뤄지기 어렵다. 우량차를 가진 판매자는 물론이고 불량차를 가진 판매자도 자기 차가 우량차라고 주장하면서 높은 가격을 받으려 할 것이기 때문이다.

이 경우 차의 성능을 알지 못하는 구매자는 어떤 행동을 보일까. 구매자는 차들 성능의 평균치를 기준으로 해서 구매하려 할 것이다. 즉 우량차와 불량차 가격의 평균치인 600만 원을 지불하려 할 것이다. 그렇다면 판매자는 어떤 행동을 할까? 차를 구입하는 사람이 600만 원만 내겠다고 하면 800만 원짜리 우량차를 가진 사람은 손해가 나기 때문에 시장에 차를 내놓지 않을 것이다. 반면에 불량차를 가진 사람은 이익이 나기 때문에 차를 내놓을 것이다. 이런 일이 계속되면 중고차시장은 불량차가 판치는 시장이 되고 만다.

판매자와 구매자의 상품에 대한 정보가 다른 경우 시장에 불량품만 나오는 현상을 '레몬 현상'이라고 하며, 불량품만 나오는 시장을 레몬시장lemon market이라고 한다. 레몬은 결함 있는 자동차를 부르는 속어로도 쓰인다.

정보의 비대칭

중국의 순舜 임금이 세상 물정을 알기 위해 독(항아리)장수로 꾸미고 거리로 나갔다. 깨진 독을 등에 지고서 처음에는 "깨진 독 사시오!" 하고 사실대로 외쳤다. 아무도 독을 사는 사람이 없었다. 다음에는 같은 독을 지고서 거짓으로 "성한 독 사시오!" 하고 외쳤다.

이번에는 사람들이 독을 사갔다. 이 고사에서 '순 임금 독 장사'라는 말이 나왔다. 그 뒤 장사가 거짓말로 속여 파는 것을 순 임금 독 장사라고 한다. 장사는 독이 깨졌는지 깨지지 않았는지 알지만 구입하는 사람은 모른다. 거래 상대방 중에 한 사람은 상품에 관한 정보를 알고, 다른 한 사람은 상품에 관한 정보를 모르는 것을 정보의 비대칭이라고 한다. 시장에 비대칭 정보가 존재하면 그 시장은 정상적으로 작동될 수 없다. 시장이 제대로 작동하지 못하여 자원이 효율적으로 이용되지 않는 현상을 시장실패라고 한다.

중고차시장은 대표적인 비대칭 정보 시장이다. 한국형 레몬법은 현옥매석을 방지하고 비대칭 정보가 초래하는 시장실패를 차단하려는 시도이다.

레몬시장 : 정보가 비대칭적인 상황에서 불량품만 나오는 시장.

정보의 비대칭 : 거래자 중 한 쪽은 정보를 알고 다른 한 쪽은 모르는 상황.

시장실패 : 시장이 제대로 작동하지 못하여 자원이 효율적으로 이용되지 않는 현상.

현옥매석 衒玉賣石 : 옥을 진열하고 돌을 판다.

(衒 : 자랑할 현, 玉 : 구슬 옥, 賣 : 팔 매, 石 : 돌 석)

갈택이어
竭澤而漁

공유지의
비극

춘추시대 진晉의 문공은 나라 밖으로 쫓겨나 19년 동안 망명생활을 하다가 귀국해서 왕위에 올랐다. 마침 초나라가 송나라를 공격했다. 송은 문공이 망명생활을 할 때 도움을 준 나라이다. 문공이 은혜를 갚기 위해 송을 돕는 전쟁에 나섰다. 당시 초나라는 중국 남서부 대부분을 지배하는 강국이었다. 진나라는 초에 비해 그 세력이 약했다. 전쟁을 앞두고 문공은 중신들의 의견을 물었다.

"초의 병력은 수가 많고 우리는 적으니 어떻게 하면 좋을까?"

호언이 대답했다. "제가 듣기로, 예절을 중시하는 군왕은 품위를 구함에 주저하지 않고, 전쟁을 자주 일으키는 군왕은 속이는 일을 주저하지 않습니다. 대왕께서도 속임수를 쓰셔야 합니다."

문공이 이번에는 옹계를 불러 물었다. 옹계가 대답했다.

"못의 물을 다 퍼내고 고기를 잡으면 잡기야 하겠지만, 훗날에는 잡을 물고기가 없어집니다. 숲을 불태워서 사냥을 하면 잡기야 하겠지만, 뒷날에는 잡을 짐승이 없어집니다. 지금 속임수를 쓰면 어쩌다 한번 성공할 수 있지만 다음에는 통하지 않을 것입니다. 속임수는 장기적인 계책이 아닙니다."

두 사람의 조언을 들은 뒤 문공은 호언의 계책인 속임수를 써서 초군을 패퇴시켰다. 전쟁이 끝난 후 논공행상이 있었다. 예상과 달리 문공은 옹계에게 가장 큰 상을 주었다. 좌우의 신하들이 "전투의 승리는 호언의 계책 덕분인데, 상은 뒤로 미루시니 안 될 일입니다." 하고 간했다. 문공이 신하들에게 대답했다.

"호언의 계책은 한때의 이로움을 말한 것이요, 옹계의 계책은 백세에 통하는 이로움을 가르쳐 준 것이다. 어찌 한때 일시에 얻은 이로움을 백세에 통하는 이로움보다 낫다 할 수 있겠는가."

전국시대 여불위의 《여씨춘추》 '효행람孝行覽'에 나오는 내용이다. 이 일화에서 '갈택이어竭澤而漁'라는 사자성어가 나왔다. 갈택이어에서 '갈택'은 연못(澤)의 물을 빼내어 마르게(竭) 하는 것을, '이어而漁'는 고기 잡는 것을 말한다. 연못의 물을 모두 퍼내면 당장에는 물고기를 잡을 수 있지만 그 때 뿐이다. 씨가 마르는 훗날에는 잡을 수 없다. 갈택이어는 눈앞의 작은 이익을 탐내다가 더 중요한 것

고사성어로 보는 스토리 경제학

을 놓칠 수 있음을 경계하는 말이다.

공유지의 비극

한 나라의 문화수준을 알려면 그 나라의 공중 화장실을 보면 된다는 말이 있다. 대부분의 공중 화장실은 불결하다. 그 이유는 공유재 이용에 있어서 나타나는 특성 때문이다. 사람들은 자기 소유의 물건은 아껴서 사용하지만 공동의 물건은 소홀히하거나 과소비하는 경향이 있다.

부락의 공동 소유인 동네 앞 초지는 주민 누구나 무료로 이용할 수 있다. 그런데 너도나도 소를 키우고 풀을 먹이면 초지의 풀은 없어지고 만다. 동네 앞 초지처럼 아무나 자유롭게 이용하도록 맡겨 두면 남용으로 자원이 쉽게 고갈되는 현상을 하딘G. Hardin은 '공유지의 비극'이라고 불렀다. 공유지의 이기적 소비는 일시적으로 개인에게 이익을 줄 수 있지만, 나중에는 자원이 고갈되어 공동체 전체에 손해로 돌아온다.

자연은 원래

한강 서강대교 아래에 밤섬이라고 불리는 자그마한 모래섬이 있다. 원래 밤섬은 사람이 살 정도의 제법 큰 섬이었지만 약 50년 전에 사람의 손에 의해 없어졌다. 한강 흐름을 원활하게 한다는 명분으로 섬을 폭파하고, 거기에서 나온 모래와 돌로 여의도의 제방을 쌓는

데 사용한 것이다. 그 후 밤섬은 모래가 퇴적되면서 서서히 넓어져서 폭파 전보다 6배가 되었다. 사람의 손에 의해 없어진 섬이 자연의 힘으로 다시 살아난 것이다. 숲이 우거지고 새들이 깃들게 된 밤섬은 1999년 생태경관보전 지역으로 지정되었고, 습지가 잘 조성되자 2012년에 람사르 습지로 지정되었다. 다양한 식생이 발달된 밤섬의 숲은 생태계 연구의 귀중한 자료가 되고 있다. 자연의 복원력을 잘 보여주는 사례이다.

배부른 사자는

영화 '아웃 오브 아프리카Out of Africa'에는 모차르트 클라리넷 협주곡이 아프리카의 대자연만큼이나 아름답게 흐른다. 영화에서 카렌과 데니스가 만나는 장면은 인상적이다. 산책 나간 카렌 앞에 사자가 나타난다. 사자는 겁에 질린 카렌에게 천천히 접근한다. 그 순간에 데니스가 총을 들고 나타나서 낮은 목소리로 카렌에게 말한다.

"뛰지 마시오. 뛰면 사자는 당신을 먹이로 생각할 것이오."

하지만 카렌은 다급하게 말한다.

"쏴요. 제발 쏘세요."

그러나 데니스의 대답은 엉뚱하다.

"이 사자는 아침식사를 했다오."

사람이 죽느냐 사느냐 하는 절박한 판에 데니스는 '사자가 아침식사를 했다'는 한가한 말을 한다. 배부른 사자는 사람을 해치지 않는다는 것을 알고 있어서이다. 어슬렁거리며 카렌에게 다가오던 사자는 아무 일 없었다는 듯이 발길을 돌린다. 배가 불러도 사냥하는 동물은 인간이다.

배불러도 사냥하는 인간에 의해 자연이 망가져 가고 있다. 유엔이 2005년에 발표한 '밀레니엄 생태계 평가보고서'는 지구 전체의 환경이 심각하게 나빠지고 있다고 경고했다. 보고서에 의하면 자연 생태 기능의 60%가 인간에 의해서 파괴되었다. 더 큰 문제는 생태계가 더 이상 자동적으로 복원되지 않는다는 점이다. 지금까지는 자연에 부분적인 파괴가 있어도 자정 능력으로 재생되어 환경이 유지되어 왔다. 하지만 남용으로 파괴의 정도가 복원력을 넘어서면서 자연의 복원 기능이 무너지고 있는 것이다.

공유재: 소비에 경합성이 있지만 배제성은 없는 상품.

공유지의 비극: 남용으로 인한 공유재의 소실 현상.

갈택이어竭澤而漁: 눈앞의 이익만을 추구하여 장래를 생각하지 않는 것.

(竭: 다할 갈, 澤: 못 택, 而: 말 이을 이, 漁: 고기 잡을 어)

옥석구분
玉石俱焚

해로운
외부효과

전설에 의하면 요 임금이 해의 관찰을 맡은 희羲와 달의 관찰을 맡은 화和에게 천문과 역법을 맡겼다. 이후 희와 화의 자손은 대를 이어 천문과 역법을 관장하는 벼슬아치가 되었다. 이들을 희화羲和라고 한다. 하나라 중강왕 때 일이다. 희화가 술에 취해 지내다가 일식日蝕을 예보하지 못했다. 이로 인해 백성들이 큰 혼란에 빠졌다. 나라 안이 어지럽게 되자 왕이 윤후에게 명하여 희화를 징벌하게 했다.

토벌 사령관 윤후가 출정에 앞서 군사들을 모아놓고 선언했다.

"희화가 덕을 잃고 술에 빠져서 관직을 더럽히고 천기를 어지럽게 하였다. 일식을 미리 보고해야지, 제때에 미치지 못하고 늦은 자는 죽여 용서하지 말라 했다. 이제 나는 군사들을 데리고 가서 그들을 벌주려 한다. 너희 군사들아, 나를 도와 천자의 명령을 받들도록 하자. 곤륜산에 불이 붙으면 돌과 함께 옥마저도 다 타고 만다(玉石俱焚). 하늘의 명을 받은 관리가 덕을 잃으면 그 해독은 사나운 불보다도 무섭다. 나는 잘못을 저지른 수괴는 쳐서 멸망시킬지라도 마지못해 동조한 자는 죄 주지 않을 것이다."

중국 사서오경 중 하나인《서경》의 하서夏書 '윤정편胤征篇'에 나오는 내용이다. 희화 정벌사령관에 임명된 윤후는 출정에 앞서 '잘못을 저지른 희화는 쳐서 없애더라도 마지못해 협조한 자는 벌하지 않겠다'고 선언했다. 윤후의 말에서 '옥석구분玉石俱焚'이라는 사자성어가 나왔다. 옥석구분에서 '옥석'은 옥과 돌을 뜻하며, '구분'은 함께 불탄다는 뜻이다.[15] 곤륜산은 중국 전설에 나오는 산으로 좋은 옥의 생산지이다. 이곳에 불이 나면 돌과 함께 옥도 불에 타 버린다. 악한 사람 때문에 선한 사람도 함께 해를 입는 것을 옥석구분이라고 한다. 이를테면 '해로운 외부효과外部效果'이다.

해로운 외부효과

기업은 상품을 생산하고 판매하는 과정에서 그 상품의 생산 및 판매와 전혀 관계가 없는 제3자에게 의도하지 않은 이득이나 손실을 가져다줄 수 있다. 기업의 경제활동이 제3자에게 대가 없이 이득을 주거나 손해를 입히는 것을 외부효과라고 한다.

외부효과에는 이로운 외부효과와 해로운 외부효과 두 가지가 있다. 먼저 해로운 외부효과에 대해 생각해 보자. 우리 속담에 "죄는 도깨비가 짓고, 벼락은 고목나무가 맞는다"라는 말이 있다. 이 속담을 스토리텔링 한다면 그 줄거리는 다음과 같을 것이다.

'고목나무에 도깨비가 살고 있다. 도깨비가 죄를 지었다. 하나님이 죄 지은 도깨비에게 벼락을 내린다. 도깨비에게 벼락을 내리자 죄 없는 고목나무도 같이 벼락을 맞는다.'

옛 어른들은 벼락맞아 부러진 고목나무를 보면서 죄를 지으면 벌을 받는다는 생각과 도깨비가 고목나무에 산다는 생각을 묶어 재치 있는 속담을 만들어냈다. 죄는 도깨비가 지었는데 애먼 고목나무마저 벼락을 맞는다면 그것은 고목나무에 '해로운 외부효과'가 발생한 것이다. 어떤 기업의 경제활동이 제3자에게 보상 없는 손해를 끼치는 것을 해로운 외부효과, 또는 외부비경제라고 한다.

미세먼지

해마다 봄이면 찾아오는 불청객이 황사이다. 황사는 중국 서북부의 황토지대와 내몽고의 사막지역에서 발생하여 편서풍을 타고 한반도에 날아온다. 조선실록에도 나오는 황사는 오래 전부터 한반도에 안질환과 호흡기질환을 일으키는 등 피해를 끼쳐왔다. 최근에는 황사보다 무서운 먼지가 한반도를 휩쓸고 있다. 사람의 눈에 보이지 않을 정도로 작은 입자로, 대기를 오염시키고 각종 호흡기 질환을 일으키는 미세먼지다. 방송국에서는 늦여름에 태풍이 접근하는 것을 보도하듯이 미세 먼지 발생 정도를 시시각각으로 보도한다. 특히 노약자와 어린이의 건강을 위협하는 미세먼지 발생 원인은 중국의 공장 매연과 황사, 국내 화력발전소와 자동차 배기가스로 추정되고 있으나 아직 정확히 밝혀지지는 않았다. 황사의 피해는 진즉부터 알아왔지만 미세먼지는 최근에야 알게 된 더 해로운 외부효과이다.

이로운 외부효과

꽃피는 봄철, 시골에 가면 과수원 옆에서 양봉업자가 꿀벌을 치는 광경을 볼 수 있다. 양봉업자의 벌은 꿀을 모으느라 이 꽃 저 꽃을 찾아다니면서 과일나무의 꽃가루받이(受粉)를 도와준다. 덕분에 과일나무가 열매를 맺는다. 양봉업자의 꿀 생산활동이 과수원업자에게 이득을 안겨주는 것이다. 어떤 기업의 경제활동이 제3자에게 대가 없이 이득을 주는 것을 '이로운 외부효과' 또는 외부경제外部經濟라고 한다.

1993년에 유홍준 교수의 《나의 문화유산 답사기》가 출판되었다. 스테디셀러인 답사기는 강진을 일약 한반도의 문화유적 답사 일번지로 만들어 버렸다. 많은 젊은이들이 유홍준의 답사기를 손에 쥐고 다산초당과 백련사를 들르고 영랑 생가를 찾는다.

유홍준 교수는 강진과 해남을 '남도'의 답사 일번지로 꼽았다. 그런데 공교롭게도 강진 편이 유홍준의 답사시리즈 중 1권에 실렸고, 1권에서도 맨 앞에 나왔다. 독자에게 강진은 남도 답사 일번지가 아니라 우리나라의 '답사 일 번지'라고 각인되었다. 결국 강진은 '대한민국 답사 일 번지'로 떠올랐다. 유 교수가 강진군에 이로운 외부효과를 가져다준 것이다. 강진군이 유홍준 교수를 '명예군민 1호'로 추대하고 고마움을 표시했을 정도이다.

로마를 찾는 많은 이들은 '로마의 휴일'에 나오는 오드리 헵번의 발자취를 따라 진실의 입에 손을 넣어보고 스페인광장에서 젤라또를 사먹는다. 영화 '로마의 휴일'을 본 사람들에게 로마는 반드시 가봐야 할 로망의 곳이다. 이 또한 윌리엄 와일러 감독이 로마에 가져다준 이로운 외부효과이다.

외부효과: 어떤 경제활동이 제3자에게 손해 또는 이익을 주는 현상.

해로운 외부효과: 기업의 경제활동이 제3자에게 보상없는 손해를 주는 현상.

이로운 외부효과: 기업의 경제활동이 제3자에게 대가 없는 이득을 주는 현상.

옥석구분 玉石俱焚 : 착한 사람이 나쁜 사람과 함께 해를 당함.

(玉 : 구슬 옥, 石 : 돌 석, 俱 : 함께 구, 焚 : 불탈 분)

코즈
정리

    윗사람이 잘해야 아랫사람도 잘한다. 어른이나 지도자가 정직하면 아랫사람이나 제자도 그 본을 받아 정직하게 자란다. 마찬가지로 강물도 '윗물이 맑아야 아랫물도 맑은' 법이다. 강의 상류가 오염되면 하류의 물도 오염된다. 상탁하부정上濁下不淨이라는 성어가 있는데 윗물이 흐리면 아래 물도 깨끗하지 못하다는 뜻이다.

산호초 섬이 물에 잠긴다

    루소는 저서《에밀》에서 "만물은 선하게 창조되었지만 인간의 손에 옮겨지면서 더러워졌다."라고 말했다. 사람 있는 곳에 공해가 발생하고 만물은 더러워진다. 1952년 런던에 극심한 스모그(스모크smoke와 포그fog가 결합된 말로, 공장의 매연과 런던 특유의 안개가 뒤섞여서 만들어진 오염된 공기를 말함)가 발생했다. 당시 1만 명 이상이 스모그로 인해 생명을 잃었다. 스모그 현상은 대기오염이 인류의 삶을 얼마나 심각하게 위협할 수 있는가를 보여준 사건이다.

지구 온난화는 광범위하게 인류의 생존을 위협하고 있다. 그린란드와 남극의 빙하가 녹으면서 시작된 해수면 상승은 가시권에 들어오면서 그 속도가 빨라지고 있다. 앞으로 50년 이내에 중국 상하이시가 물에 잠길 것이라는 연구 결과가 나온 지 오래이다.

태평양의 산호초 섬 위에 세워진 나라들은 국토 전체가 물에 잠기게 될 위험에 직면해 있다. 산호초 섬은 그 생성 특성상 고도가 낮아서 해수면 상승의 영향을 쉽게 받는다. 예를 들어 남태평양에 있는 투발루Tubalu는 9개의 섬으로 구성되어 있는데, 평균 해발 고도가 3m 내외다. 지대가 높은 곳이라야 5미터 정도이다. 주민들은 해수면의 상승으로 생활 터전이 사라져가는 것을 안타깝게 지켜보고 있다.

피구세

해수면 상승의 주된 원인은 온실가스 배출로 인한 지구 온난화로 알려져 있다. 환경 단체와 저지대 국가는 부랴부랴 공해 방지와 온실가스 감축에 나서고 있다. 피구A. C. Pigou와 코즈R. H. Coase도 공해 방지와 온실가스 감축을 위한 방안을 내놓았다.

피구는 공해 배출 기업에 세금을 부과해야 한다고 주장했다. 이러한 유형의 징벌성 세금은 피구의 이름을 따서 피구세라고 불린다.

우리나라에서 시행하고 있는 자동차세, 환경개선부담금이 피구세의 일종이다. 자동차 소유주에게 부과하는 자동차세는 배기량에 따라 세액이 다르다. 배기량이 많은 자동차에는 공해 배출량이 많기에 높은 율의 세금이 부과된다. 경유 자동차는 휘발유차에 비해 공해를 더 많이 발생시키기 때문에 환경개선부담금을 부과한다. 공해를 발생시키는 정도에 따라 세금을 내게 하자는 취지이다.

자동차는 어떤 연료를 사용하는지, 배기량이 얼마인지가 밝혀져 있어서 공해 배출량을 산정하기 쉽기 때문에 조세 부과가 비교적 쉬운 편이지만, 공장에서 나오는 공해는 종류가 다양한데다 양과 질이 각각 달라서 세금을 부과하기가 어렵다. 공해로 인한 해악을 화폐액으로 계산하기가 어려운 것이다. 피구세 부과는 이론은 좋지만 현실 적용이 어렵다.

코즈 정리

코즈는 오염의 대상이 되는 공유재의 소유권을 누군가에게 주면 오염이 적절한 수준으로 감소할 수 있다고 주장했다. 코즈가 설명한 오염 배출 감소 메커니즘은 다음과 같다.

강의 상류 쪽에서 한 기업이 축산업을 운영하고, 하류에서는 다른 기업이 가두리 양식장을 운영하고 있다. 상류 축산업에서 흘러나온 폐수가 강물을 오염시킴에 따라 하류 가두리업자가 피해를 입고 있다. 이때 정부가 가두리업자에게 강물 소유권을 준다고 하자. 가두리업자는 강물을 오염시키는 상류의 축산업자에게 손해 배상을 청구할 것이다. 오염 배출자인 축산업자는 피해를 배상해 주거나 배상을 피하기 위해 오염의 배출을 감소시킬 것이다.

반대로, 축산업자에게 강물 소유권을 준다고 하자. 하류의 가두리업자는 축산업자에게 강물을 오염시키지 않으면 그에 대한 보상을 해주겠다고 제의할 것이다. 축산업자는 그 보상금을 받는 대신 오염 배출의 양을 감소시킬 것이다.

강물 소유권을 누군가에게 주면 이해 관계자의 협상으로 오염 배출량이 조정된다는 것이 코즈의 주장이다. 재산권을 분명하게 해주면 정부의 개입이 없어도 시장을 통해 공해 문제가 해결된다는 이 주장을 '코즈 정리'라고 한다. 하지만 코즈 정리 역시 현실 적용이 어렵다. 사람들은 오랫동안 강물이나 공기를 자유재라고 생각해 왔으며, 누구나 무료로 이용할 수 있는 자원이라고 생각해 왔다. 강물이나 공기에 대해 누군가에게 소유권을 준다면 구성원들이 납득하기 어려울 것이다.

탄소거래소

코즈 정리의 원리를 현실에 맞게 적용한 것이 탄소배출권 거래제도이다. 탄소배출권 거래제란 국가나 기업별로 연간 탄소 배출 허용량을 미리 정해준 다음, 허용량보다 덜 배출하면 그 여유분을 팔고, 초과 배출한 기업은 초과분을 사야 하는 제도를 말한다.

탄소는 온실가스인 이산화탄소(CO_2)를 말한다. 온실가스는 지구에 도달한 태양열이 지구 밖으로 방출되는 것을 방해해서 지구 표면의 온도를 높이는 기체로 이산화탄소 외에도 수증기, 메탄가스, 아산화질소 가스, 프레온 가스 등이 있다. 온실가스 배출권 거래소를 보통 탄소거래소라고 부른다.

어느 기업이 연간 3천 톤의 온실가스 배출권을 갖고 있는데 2천 톤만 배출한다면 할당량 중 여분 1천 톤의 배출권을 다른 기업에 팔 수 있다. 탄소배출권을 상품화 하는 것이다. 허용된 양을 초과해서 배출한 기업은 거래소에서 돈을 주고 배출권을 구입해야 한다. 우리나라에서는 온실가스 배출권 거래제가 2015년에 시행되었다. 탄소거래소는 부산에 있는 한국거래소에 개설되어 있다.

피구세: 공해 배출 기업에 부과하는 세금.

코즈 정리: 재산권을 분명하게 해두면 시장원리를 통해 공해문제가 해결된다는 주장.

온실가스: 태양열이 방사되는 것을 막는 온실효과를 가진 가스.

탄소거래소: 온실가스 배출권을 상품처럼 기래하는 배출권 거래시장.

상탁하부정 上濁下不淨: 윗물이 흐리면 아랫물도 깨끗하지 못하다.

(上: 윗 상, 濁: 흐릴 탁, 下: 아래 하, 不: 아닐 부, 淨: 깨끗할 정)

수청무어
水淸無魚

최적
공해

한나라 시절 반초는 서역 일대에서 흉노의 침입을 막고 50여 국을 한에 복속시키는 큰 공을 세웠다. 앞에서 설명한 한자성어 '불입호혈 부득호자不入虎穴 不得虎子'가 반초의 고사에서 나왔다. 반초의 벼슬은 서역도호西域都護에 올랐다.

반초가 나이 많아 벼슬을 사양하고 장안으로 돌아왔다. 후임 도호로 임명된 임상이 인사차 찾아와서 서역을 다스리는 데 유의할 점이 무엇인가 물었다. 반초가 대답했다.

"물이 너무 맑으면 물고기가 살지 못하고, 사람이 너무 까다로우면 따르는 사람이 없는 법일세(水至淸卽無魚 人至察卽無徒). 변방의 관리들이라는 게 대부분 죄를 지어 그곳까지 밀려난 자들이며, 특히 서역

고사성어로 보는 스토리 경제학

에 사는 자들은 심성이 거친 사람들이니 사소한 일은 덮어두고 대범하게 다스리시게."

서역 다스리는 비결을 알고 싶어서 반초를 찾았던 임상은 평범한 이야기만 들려주자 실망하고 반초의 말을 마음에 담아 두지 않았다. 임지에 부임한 임상은 반초의 조언을 무시한 채 강경책으로 엄하게 다스렸다. 그 결과 서역 50여 나라가 반란을 일으켜 한의 지배를 벗어났고, 서역 일대를 다스리던 도호부도 폐지되었다.

범엽이 지은 《후한서》 '반초전班超專'에 나오는 내용이다. 반초와 임상이 나눈 대화에서 '수청무어水淸無魚'라는 사자성어가 나왔다. 수청무어란 물(水)이 맑으면(淸) 고기(魚)가 살지 못한다(無)는 뜻이다. 물이 너무 맑으면 고기가 살지 못하고, 사람이 너무 고지식하면 이웃을 얻지 못하는 법이다.

피 다 뽑기 어렵다

논에서 자라는 잡초 '피'는 벼에 필요한 햇볕과 양분을 빼앗아 간다. 피는 벼와 매우 비슷해서 눈에 잘 띄지 않는다. 농부가 아무리 세심하게 뽑아내도 어느 구석엔가 남아 있게 마련이다. 그래서 "피 다 뽑은 논 없고, 도둑 다 잡은 나라 없다"는 말이 생겨났다.

공해란 제거해야 하는 해악이다. 그런데 공해를 완전히 제거하는 것은 어렵기도 하거니와 바람직하지도 않다. 공해라는 것은 배출량이 많을 때는 줄이기가 쉽다. 간단한 장치나 노력만으로도 공해 배출을 많이 줄일 수 있다. 하지만 공해 배출을 줄여갈수록 더욱 큰 노력과 정교한 장치가 필요하다. 그것은 마치 마라톤 시합에 나가서 순위를 올리는 경우와 같다. 수십 명이 한꺼번에 달리기 시작하는 처음에는 앞사람을 제치고 순위를 올리기 쉽다. 하지만 선두권 그룹에 다가갈수록 한 사람 제치기도 어려워진다. 마찬가지로 공해 배출을 줄여서 배출량을 영(零, 0)에 이르도록 하려면 엄청난 노력과 시설이 필요하다. 이에 따라 제거비가 기하급수적으로 증가한다.

공해란 이처럼 방치해 두어도 문제이고, 제거해서 영으로 만들자 해도 문제다. 공해 제로가 답이 아니라면 어느 수준만큼 공해 배출을 허용하는 것이 좋을까? 그 답은 공해 '총비용'이 최소인 수준이다. 공해 총비용이 최소인 수준을 최적 공해라고 한다.

최적 공해

공해 총비용이란 현재 발생하는 공해로 인한 해악을 화폐 가치로 환산한 금액과 공해 제거 비용의 합을 말한다.

공해 총비용 = 공해로 인한 피해액 + 공해 제거비

그런데 공해로 인한 피해액과 공해 제거비는 서로 반대 방향으로 움직인다. 공해 총비용은 두 비용의 합으로 이뤄지기 때문에 어느 한쪽을 줄인다고 해도 다른 쪽 비용이 커지면 합계가 커질 수 있다. 공해 발생을 줄여서 피해액을 감소시키면 제거비가 증가한다. 반대로 제거비를 감소시키면 공해로 인한 피해액이 증가한다. '피해액 감소, 제거비 증가'이거나 '제거비 감소, 피해액 증가'의 관계이다. 공해란 허용해도 탈이요, 줄여도 탈이다. 그렇다면 공해로 인한 피해액과 제거비를 비교한 뒤, 그 합계가 최소인 수준을 고르는 수밖에 없다. 그 수준이 최적 공해 수준이다.

만일 어느 기업이 비용을 들여 공해제거 시설을 가동했는데 최적 공해 수준보다 적은 양의 공해 물질을 배출하고 있다고 하자. 이 경우에는 공해 배출을 약간 더 허용하면서 제거비를 많이 줄이는 것이 총비용을 줄이는 일이다. 공해 배출을 더 허용하면 공해로 인한 피해액이 증가하지만 그 증가액보다 제거비의 감소액이 더 커서 총비용을 감소시키는 것이다. 반면에 최적 공해 수준보다 많은 양의 공해 물질을 배출하고 있다 하자. 이 경우에는 공해 제거 시설을 더 많이 가동해서 공해 배출량을 감소시켜야 공해 총비용이 감소한다. 공해 제거비 증가액보다 공해 피해액 감소분이 더 커서 총비용이 감소하기 때문이다.

최적 공해 수준 : 공해의 해악과 함께 제거비용도 고려한 공해 수준.

수청무어 水淸無魚 : 물이 맑으면 고기가 살지 못한다.

(水 : 물 수, 淸 : 맑을 청, 無 : 없을 무, 魚 : 고기 어)

10

거시경제정책_

공자, 조세피난처에서 여인을 만나다

격주동량擊柱動梁: 기준금리

도견상부道見桑婦: 경제정책 상충성

교각살우矯角殺牛: 정부실패

가정맹호苛政猛虎: 조세피난처

복차지계覆車之戒: 후발국의 이익

원교근공遠交近攻: 이웃나라 궁핍화

기준금리

마음에 드는 여성의 사랑을 얻고 싶을 때 먼저 그녀 어머니의 호감을 사면 성사가 빠르다. 우리 속담에 "기둥을 치면 대들보가 울린다."는 말이 있다. 건물의 기둥을 치면 그 흔들림이 대들보까지 전해진다. 이를 사자성어로 '격주동량擊柱動樑'이라고 한다. 격주동량에서 '격주'는 기둥(柱)을 두드린다(擊)는 뜻이고, '동량'은 대들보(樑)가 움직인다(動)는 뜻이다. 격주동량은 한쪽에 자극을 주어서 다른 쪽을 변화시키는 것을 말한다. 비슷한 사자성어로 '성동격서聲東擊西'가 있다. 동쪽을 공격하는 척하면서 서쪽을 공격하는 것을 성동격서라고 한다.

기준금리

기준금리라는 용어가 가끔 매스컴에 등장한다. 요즈음 사람들은 웬만한 경제 용어는 전문가 못지않게 잘 안다. 그런데 기준금리는 흔한 용어가 아닌 데다 그 뜻도 좀 애매하다. "기준금리가 뭐야?" 하고 물으면 "응, 기준이 되는 금리야." 하는 말이 되돌아온다. 얄밉게도 이 말은 정답이다. 기준금리는 우리나라 통화금융정책의 기준이 되는 금리로 정확한 명칭은 '한국은행 기준금리'이다. 기준금리는 금융통화위원회가 매월 결정하며, 한국은행이 환매조건부채권(RP)을 매매할 때 이 금리를 적용한다. 환매조건부채권이란 일정 기간이 지난 후에 다시 매입하는 조건으로 발행되는 채권이다. 보통 환매채라고 한다.

우리나라의 중앙은행인 한국은행의 주된 임무는 물가 안정이다. 정부는 물가를 직접 통제하는 것이 아니라 간접적인 방법을 사용하여 물가 안정을 도모한다. 그 간접적인 도구가 '기준금리'이다. 기둥을 쳐서 대들보를 움직이듯이, 기준금리를 조정하여 물가를 조절하는 것이다. 그렇다면 기준금리의 변동이 어떤 경로를 거쳐서 물가 안정에 이르게 되는가?

통화정책의 파급 경로

기준금리 조정이 물가를 변동시키는 메커니즘을 통화정책의 파급 경로라고 한다. 통화정책의 파급 경로에는 금리 경로, 신용 경로,

자산 가격 경로, 환율 경로, 기대 경로가 있다.

이 중 금리 경로가 작동하는 메커니즘은 다음과 같다. 금융통화위원회가 기준금리를 인하한다(↓)고 하자. 기준금리를 인하하면 환매채 거래를 통해 단기금리가 하락한다. 단기금리가 하락하면 결국 장기금리도 하락한다. 장기금리가 하락하면 기업의 투자가 증가한다. 투자 증가는 생산 증가를 가져오고, 생산 증가는 국민소득 증가와 물가 상승을 가져온다. 즉 '기준금리 인하→국민소득 증가, 물가 상승' 현상이 발생한다.

기준금리를 올리는 경우에는 그 효과가 인하 때와 반대 방향으로 일어나서 국민소득 감소와 물가 하락을 가져온다. 이러한 파급효과는 신용 경로, 자산 가격 경로, 환율 경로 등 다른 경로를 분석해도 결과가 거의 비슷하다.

양적 완화

'미 연준, 양적 완화'

'달러화 가치 하락'

2008년 글로벌 금융위기 이후 신문에 자주 등장한 기사 제목들이다. 기사의 제목에서 보는 미 연준이란 미국의 연방준비제도FRS: Fedral Reserve System를 말한다. FRS는 12개의 연방준비은행(FRB)이 모여서 이뤄진 조직으로 미국의 중앙은행이다. 양적 완화란 통화 공급에 대한 규제를 완화한다는 뜻으로, 중앙은행이 국채 등을 매입하는 방법으로 통화를 공급하는 것을 말한다. 즉 달러를 찍어내는 것이다. 미국이 양적 완화 조치를 취하면 달러의 가치가 하락한다. '달러화 가치 하락'이라는 기사 제목이 그것이다. 양적 완화로 달러의 가치가 떨어지면 미국의 수출이 증가한다. 반면에 다른 나라는 미국에 수출하기가 어려워진다. 또 양적 완화는 달러 가치를 하락시켜서 이미 달러를 보유하고 있는 사람들에게 손해를 입힌다. 이 때문에 미국을 제외한 다른 나라는 미국의 양적 완화 조치를 좋아하지 않는다. 그럼에도 불구하고 달러의 공급 확대는 세계 경제가 침체에서 벗어나 활기를 찾도록 해주기도 한다.

테이퍼링

양적 완화는 인플레이션을 유발한다. 양적 완화가 통화 공급을 통해 이뤄지기 때문이다. 양적 완화는 한시적으로 시행되며, 목적이 달성되면 마감한다. 양적 완화의 마감은 채권 매입 규모를 축소하는 방식으로 이뤄지며, 이를 테이퍼링tapering이라고 한다. 미국은 2014년 말에 채권 매입을 축소시키는 테이퍼링을 실시했다. 달러 공급이 줄자 세계 경제가 요동치기 시작했다. 달러 가치가 오르면서 세력이 약한 나라의 통화 가치가 곤두박질 친 것이다. 각국은 기준금리를 인상하는 방법으로 자국 화폐의 가치를 유지하는 정책을 폈다. 터키는 기준금리를 4.5%에서 10%로 인상하는 특단의 조치를 취했다. 일반적으로 각국이 기준금리를 조정할 때 0.25%씩 올리거나 내리는 관례를 생각하면 매우 파격적인 조치였다.

사실, 미국이 양적 완화를 통해 달러를 거의 무진장으로 공급할 때 각국은 자국의 무역수지에 악영향을 끼친다고 달갑지 않은 시선을 보냈다. 그 뒤, 테이퍼링이 시작되면서 달러 공급이 감소하자 각국은 환율 급등에 시달리게 되었다. 경제 약소국은 미국이 달러를 풀어도 시달리고 달러를 회수해도 후유증에 시달린다.

달러는 국제통화이다. 달러를 쥐고 있는 미국이 기침을 하면 세계 경제가 독감에 걸린다.

기준금리 : 통화정책의 기준이 되는 금리.

통화정책 파급경로 : 기준금리가 물가를 변동시키는 통로와 메커니즘.

격주동량 擊柱動樑 : 기둥을 치면 보가 울린다.

(擊 : 칠 격, 柱 : 기둥 주, 動 : 움직일 동, 樑 : 대들보 량)

고사성어로 보는 **스토리 경제학**

경제정책 상충성

　진의 문공이 제후들을 모아 위를 정벌하려고 밖으로 나가고자 했다. 이를 본 공자 서鉏가 고개를 들고 하늘을 쳐다보며 크게 웃었다. 문공이 서에게 물었다.

　"너는 어찌하여 웃느냐?"

　서가 대답했다.

　"제가 아는 이웃 사내가 생각나서 웃었습니다. 그 자는 아내를 친가로 보내게 되었는데, 아내를 배웅하러 나왔다가 길가에서 뽕잎을 따는 여자를 보고 좋아하여 수작을 걸었습니다. 그러다가 뒤돌아보니 아내를 손짓해 부르는 남자가 있었습니다. 신은 그 남자의 일이 생각나서 웃은 것입니다."

　문공은 그 말을 듣고 깨달은 바가 있어서 위 정벌 계획을 취소하고 돌아왔다. 문공이 회군하여 돌아오고 있을 때, 나라의 북쪽을 침략하는 자가 있었다. 군대를 돌렸기에 본토가 유린되는 것을 막을 수 있었다.

열어구의 《열자》 '설부說符'에 나오는 설화이다. 이 글에서 '도견상부道見桑婦'라는 성어가 나왔다. 도견상부란 길가(道)에서 뽕잎 따는 여자(桑婦)를 보고(見) 즐겁게 이야기를 나누는 것을 뜻한다. 우리 속담에 "임도 보고 뽕도 따고"라는 말이 있듯이 밀회는 주로 뽕나무밭에서 이루어졌다. 뽕나무밭에서 남녀가 만난다는 것은 예삿일이 아니었던 것이다. 그런데 문제는 남자가 다른 여자를 만나 밀회하는 동안 자기 아내가 외간 남자를 만난다는 것이다. 다른 여자와 잠깐의 즐거움을 갖는 사이에 아내를 잃을 수 있다. '노루 쳐다보다가 잡은 토끼 놓치는' 격이다. 도견상부는 눈앞의 이익을 탐내다가 이미 가진 것마저 놓칠 수 있다는 비유이다.

인플레이션과 실업

산업혁명 이후 200년 동안 자본주의는 발달을 거듭해오면서도 인플레이션과 실업으로 골머리를 앓아 왔다. 거의 주기적으로 일어나는 인플레이션과 실업이 서민의 살림살이를 어렵게 만들고 경제 사회의 안정을 흔든 것이다.

인플레이션이 발생하면 물가가 오른 비율만큼 정액소득자의 실질소득이 감소된다. 반면에 부동산이나 보석 등 실물을 가진 사람은 이익을 본다. 전후 독일에서 일어난 형제 이야기는 인플레이션이 가져다주는 해악을 잘 말해준다. 어느 형제가 있었다. 형은 성실히 일해서 버는 돈을 열심히 저축했다. 동생은 술을 좋아해서 버는 돈을 모두 맥주를 마시는 데 탕진해 버렸다. 전쟁 후에 독일에 초超인플레이션이 일어났다. 형이 저축한 돈은 휴지조각이 되어버렸다. 하지만 동생이 마시고 버려두었던 맥주병은 큰돈이 되었다. 웃자고 하는 얘기지만 웃을 수 없는 얘기이다. 인플레이션이 일어나면 아무도 성실히 저축하려 하지 않고 아파트나 토지를 사두려 한다. 인플레이션은 투기 열풍을 불러와 자원이 비생산적인 투기 쪽으로 흐르게 한다. 인플레이션이 나라의 경제 구조를 왜곡시키는 것이다.

인플레이션이 발생해서 민간이 보유한 화폐 가치가 떨어지면 민간이 손해를 입는다. 그렇다면 그 손해액만큼 누군가 이득을 보는 주체가 있을 텐데 그 주체는 누구인가? 이익을 보는 주체는 화폐 발행자인 정부이다. 화폐 발행이라는 것은 발행자인 정부가 부채를 지는 행위이다. 인플레이션이 일어나면 민간의 구매력은 떨어지고 정부의 부채가 가벼워진다. 인플레이션으로 정부가 이득을 얻는 현상을 '인플레이션 조세'라고 한다. 인플레이션을 '조세'라고 부르는 이유는 정부가 세금으로 가져가는 것은 아니지만 물가 상승으로 인한 화폐가치 하락분을 정부가 가져간다고 해서 그렇게 부른다.

실업은 생계수단인 소득을 얻을 수 있는 기회를 차단하여 서민의 생활을 직접 어렵게 만든다. 실업률은 정부의 인기와 직결된다. 서민은 실업률을 가지고 정부가 유능한가 아니면 무능한가를 가늠하는 척도로 삼는다. 선거 때마다 경제 부문 공약에서 우선순위를 차지하는 것은 언제나 일자리 창출이다.

인플레이션과 실업이 끼치는 사회적 해악 때문에 정부는 정권의 사활을 걸고 인플레이션을 억제하고 실업을 해소하려고 노력한다. 그런데 이 일이 말처럼 쉽지 않다.

경제정책의 상충성

인플레이션과 실업은 두 마리의 토끼와 같아서, 하나를 잡으면 다른 하나를 놓치기 쉽다. 인플레이션과 실업을 잡기 위한 정책이 서로 상충성(相衝性, trade-off)을 가지고 있기 때문이다.

정부가 인플레이션을 억제하기 위해 긴축 재정을 편성하고 통화 공급을 축소시킨다고 하자. 이와 같은 긴축정책을 펴면 인플레이션은 잡을 수 있다. 하지만 긴축정책은 경기 후퇴를 초래하여 실업을 증가시킨다. 인플레이션은 잡아도 실업이 발생한다는 얘기다. 반면에 정부가 실업 해소 정책을 편다고 하자. 실업 해소책으로는 적자 재정을 편성하고 통화 공급을 늘이는 확장정책이 있다. 확장정책을 펴면 실업은 줄일 수 있다. 하지만 통화 공급 증가로 인플레이션이 일어난다.

정부는 다양한 목표를 달성하기 위한 경제정책을 수립하고 시행한다. 실업의 해소, 인플레이션의 억제 외에 경제 성장, 평등 분배, 후생복지 증대, 무역수지 균형, 재정 균형 등이 그것이다. 이들 목표를 동시에 달성할 수 있다면 얼마나 좋을까! 하지만 인플레이션과 실업을 예로 들어 설명했듯이 대부분의 경제정책 목표는 상충성이 있어서 둘 이상의 목표를 한꺼번에 달성하기가 어렵다.

평등 분배와 경제 성장 목표도 서로 충돌한다. 평등 분배에 치중하면 자본축적이 더디어져서 경제 성장을 방해한다. 경제 성장에 치중하면 소득불평등이 심화된다. 대부분의 경제정책은 이처럼 양면성을 가지고 있다. 그때 정말로 필요한 의사결정을 도와줄 수 있는 것은 경제학적 판단이 아니라 인문학적 판단일는지도 모른다. 세상이 복잡해질수록 인문학적 판단이 요구된다.

경제정책 상충성: 경제정책에서 두 정책 시행의 효과가 반대 방향으로 작용하는 현상.

도견상부 道見桑婦: 작은 것을 택하다가 큰 것을 잃을 수 있음.

(道: 길 도, 見: 볼 견, 桑: 뽕나무 상, 婦: 지어미 부)

정부
실패

예전에 중국에서는 종을 만들 때 좋은 소리가 나도록 흔종이라는 관습을 지켰다. 흔종이란 종을 새로 주조하면서 소를 잡아 목에서 나오는 피를 종에 바르는 의식이다. 이때 제사에 쓰는 소는 반드시 뿔이 곧게 난 소여야 했다. 한 농부가 흔종에 사용할 소의 뿔이 삐뚤어진 것을 보고 이를 바로 잡으려고 질긴 천으로 동여매고 잡아당겼다. 그렇게 열흘을 계속하니 뿔이 빠지면서 소가 죽고 말았다.

이 농부의 우화에서 '교각살우矯角殺牛'라는 말이 나왔다. 교각살우란 소의 뿔을 바로잡으려다(矯角) 소를 죽인다(殺牛)는 말이다. 어떤 흠이나 단점을 고치려다가 정도가 지나쳐 오히려 일을 그르치는 것을 비유하여 교각살우라고 한다.

정부실패

시장경제란 완전경쟁시장을 전제로 한다. 그러나 현실의 시장은 대부분이 불완전경쟁시장이다. 불완전경쟁시장에서는 독과점이 가지고 있는 특성과 거래자 간 비대칭 정보 등으로 인하여 시장실패가 일어난다. 시장 기능이 제대로 작동하지 못하여 자원을 효율적으로 이용하지 못하는 현상이 나타나는 것이다.

케인스주의Keynesian 경제학자들은 시장이란 불완전하기에 시장실패가 일어나며, 시장실패를 고치려면 정부가 개입해야 한다고 주장한다. 그렇다면 정부의 개입이 항상 바람직한 결과를 가져 오는가? 항상 그렇지는 않다. 정부의 개입은 때로 시장실패를 고치지 못하고 오히려 부작용만 불러올 수 있다. 정부의 시장 개입이 부작용을 일으켜 자원의 낭비를 가져오는 현상을 정부실패라고 한다.

시장에 대해서는 정부보다 기업이 더 잘 안다. 게다가 정부는 투표에 의해 조직되기 때문에 인기 위주의 정책을 펴도록 유혹을 받기도 한다. 경제정책에 경제 이외의 논리가 개입되면 바람직한 결과를 얻어내기 어렵다. 예를 들어 일시적인 불경기인데도 인기를 얻기 위해 경기 부양을 위한 확대정책을 시행하면 결국 인플레이션이 일어날 뿐만 아니라, 경제 체질 개선 기회를 놓쳐 약한 경제가 되고 만다. 그것이 정부실패이다.

샤워실의 바보

한 사나이가 샤워를 하려고 욕실에 들어갔다. 처음에 수도꼭지를 틀었더니 찬 물이 쏟아져 나왔다. 찬물에 놀란 사나이는 재빨리 수도꼭지를 반대 방향으로 돌렸다. 그러자 뜨거운 물이 쏟아져 나왔다. 사나이는 놀라서 다시 반대 방향으로 수도꼭지를 돌렸다. 차가운 물이 쏟아져 나왔다. 사나이는 수도꼭지를 왼쪽, 오른쪽으로 반복해서 돌리다가 샤워는 하지 못하고 물만 낭비했다.

이 우화는 M. 프리드먼이 말한 '샤워실의 바보' 이야기다. 프리드먼은 정부의 재량적인 경제정책을 비꼬기 위해 이 우화를 만들었다. 우화에서 바보는 정부를 상징한다. 수돗물은 통화 공급을 의미하며, 뜨거운 물은 경기 과열을, 차가운 물은 경기 침체를 상징한다. 프리드먼은 정부가 이랬다저랬다 하는 바보 같은 통화정책으로 경기의 과열과 침체를 반복하게 한다고 비판했다.

프리드먼은 통화 공급을 할 때 정부가 재량정책을 쓸 일이 아니라 '준칙주의準則主義'를 도입해야 한다고 주장한다. 준칙주의란 통화 당국이 일정한 비율을 정하여 두고 그 비율만큼 통화량을 증가시켜 가는 정책을 말한다. 일정한 준칙을 정해 놓고 통화를 공급해서 과열이나 침체가 일어나지 않도록 하자는 것이다.

정부냐 시장이냐

고전학파 계통의 학자들은 시장을 신뢰한다. 시장실패는 좀처럼

　　　　　　　　고사성어로 보는 스토리 경제학

일어나지 않으므로 정부가 시장에 개입할 필요가 없다고 생각한다. 이에 비해 케인스 학파는 시장을 신뢰하지 않는다. 시장실패는 자주 일어나는 일이며, 이를 고치기 위해서 정부가 개입해야 한다고 생각한다. 시장실패냐 정부실패냐 하는 논쟁은 경제를 정부에 맡길 것인가 아니면 시장에 맡길 것인가 하는 문제와 같다.

시장실패와 정부실패에 대한 견해 차이로 다투던 학계는 2008년 글로벌 경제위기를 겪으면서 시장과 정부 모두가 잘못될 수 있으며, 이러한 실패는 자본주의 경제에 치명적일 수도 있다는 사실을 인식하게 되었다. 시장과 정부의 역할이 대체 관계가 아니라 보완 관계라는 사실을 인식하기 시작했다는 뜻이다. 시장과 정부의 역할을 외눈박이 거인처럼 한 눈으로 볼 것이 아니라 양 눈으로 보는 지혜가 필요하다.

준칙주의: 통화 공급 원칙을 만들어놓고 지켜나가도록 하는 정책.

성부실패: 시상실패를 고치기 위한 정부의 정책이 부작용을 일으키는 현상.

교각살우 矯角殺牛: 쇠뿔을 바로잡으려다 소를 죽인다.

(矯: 바로잡을 교, 角: 뿔 각, 殺: 죽일 살, 牛: 소 우)

조세피난처

어느 날, 공자가 태산 옆을 지나다 보니 한 여인이 무덤 앞에서 슬프게 울고 있었다. 공자는 자로에게 그 사정을 알아보라고 했다. 자로가 부인에게 다가가서 연유를 물으니 "연전에 시아버님이 호환으로 돌아가셨는데 그 뒤에 지아비가 죽었고 이번에는 자식이 호랑이한테 물려 죽었습니다." 하고 대답했다.

공자가 물었다. "그러하다면 왜 이곳을 떠나지 않습니까?"

그 말을 듣자마자 여인은 대답했다.

"이곳은 그래도 가혹한 정치는 없답니다."

이 말을 들은 공자가 한탄하며 말했다.

"너희들은 잘 기억해 두어라. 가혹한 정치는 호랑이보다도 더 무섭다(苛政猛於虎)는 것을!"

《예기》의 '단궁檀弓' 하편에 나오는 설화이다. 호환을 거푸 당한 여인의 이야기를 듣고 공자가 한탄하며 제자에게 한 말, "가혹한 정치는 호랑이보다도 더 무섭다."에서 '가정맹어호苛政猛於虎'라는 한자성어가 나왔다. '가정'이란 혹독한 정치를, '맹어호'란 호랑이보다 무섭다는 것을 뜻한다. 보통 '가정맹호'라고 줄여 쓴다. 공자는 고국인 노나라를 지배하고 있는 계손 씨가 세금을 혹독하게 징수하는 것을 빗대어 이 말을 했다고 한다.

창문세 이야기

독일 남부의 자그마한 도시 퓌센에는 백조의 성이라 불리는 아름다운 노이슈반슈타인 성과 함께 슈반가우 성, 퓌센 성이 있다. 그 중 시내 한 가운데 야트막한 언덕 위에 있는 퓌센 성의 건물 벽에는 아름다운 창문이 많이 달려 있다. 그런데 자세히 보면 창문 대부분은 실제 창문이 아니라 그림이다. 유럽의 구시가 건물에는 창문 그림이 많이 있다. 왜 창문을 만들 일이지, 그림으로 그려 놓았을까? 그것은 세금 때문이었다.

유럽에서는 한때 벽난로세를 징수했다. 벽난로세는 난로의 수를 기준으로 부과되었다. 세리들은 굴뚝의 수효를 세어 세금을 매겼다. 주민들이 세금을 피하기 위해 지붕의 굴뚝을 없애기 시작했다. 세리들은 집집을 방문하여 난로 수를 파악하고 세금을 매겨야 했다. 집안으로 들어오려는 세리와 이를 막으려는 주민 간에 마찰이 자주 발생했다. 정부는 벽난로세를 폐지하고 대신 창문세를 신설했다. 창문세란 창문의 수에 따라 매기는 세금으로, 밖에서 셀 수 있어서 징수가 수월했다. 창문세가 부과되자 주민들은 창문을 없애고 건물 벽에 창문 모양의 그림을 그려 넣기 시작했다. 이러한 풍습이 전통으로 이어져 온 것이 창문 그림이다.

마담 고디바

11세기 경, 영국 코번트리Coventry 성의 영주가 혹독하게 세금을 거두어 들였다. 부인 고디바Godiva가 세금을 낮추자고 여러 번 간청했지만 영주는 들어주지 않았다. 하루는 영주가 농담 삼아 "당신이 옷을 벗은 채 시내를 한 바퀴 돈다면 영지인의 세금을 내려 주겠소." 하고 말했다. 이 말을 들은 부인은 시민들을 위해 수치를 감당하기로 결심하고 옷을 벗은 채 말을 타고 시내를 돌았다. 부인이 옷을 벗은 채 거리에 나서자 그 사정을 아는 한 노인이 크게 외쳤다.

"만약 부인의 몸을 보는 자가 있다면 눈이 멀리라!"

주민들은 창문을 닫아서 자기들을 위해 수치를 당하는 부인에게 예의를 표했다. 영주는 결국 세금을 내렸다.

오늘날 코번트리 시내 곳곳에는 고디바 부인의 덕을 기리는 기념물이 서 있고, 해마다 고디바 축제를 열어 부인의 덕을 기린다. 축제에는 수많은 사람들이 모여들어 돈을 떨어뜨리고 간다. 고디바 부인은 죽어서도 코번트리 시민들에게 도움을 주고 있다.

한편 고디바 부인의 이 일화에서 '고디바이즘godivaism'과 '피핑
톰peeping Tom'이라는 말이 나왔다. 고디바 부인이 파격적인 시위를
통해 악습을 고쳤듯이, 관습을 깨는 파격적인 행동을 '고디바이즘'
이라고 한다. 부인이 시내에 나섰을 때 톰이라는 젊은이가 "한 눈 포
기할 폭 잡고, 한 눈만 뜨고 부인의 알몸을 볼까?" 했다고 한다. 엿보
기를 좋아하는 관음증을 가진 사람을 '피핑톰'이라고 한다.

조세피난처

요즈음에는 세금 숨바꼭질의 양상이 바뀌고 있다. 전에는 가혹한
세금이 문제였지만 오늘날에는 탈세가 더 문제이다. 탈세는 조세피
난처tax haven를 이용하여 해외에서도 이루어진다. 조세피난처란 법
인세와 개인소득세 등을 아예 부과하지 않거나 부과하더라도 아주
낮은 세율로 부과하는 지역을 말한다. 이들 조세피난처에서는 페이
퍼 컴퍼니paper company라고 하는 서류만의 회사를 설립할 수 있다.
페이퍼 컴퍼니는 탈세와 재산 은닉의 수단으로 이용된다.

조세피난처를 이용하는 주 고객은 부패한 독재자, 부정한 방법으
로 돈을 모은 기업, 비자금을 마련했거나 상속세를 회피하려는 대
기업 등이다. 우리나라 부유층과 기업도 해외에 엄청난 자산을 은닉
하고 있다는 주장이 나왔다. 2012년 영국의 '조세정의 네트워크Tax
Justice Network'는 우리나라의 역외탈세 규모가 약 870조원에 이른다
고 발표했다.[16]

다행히 최근에는 국제적인 조세 포탈이나 자본 유출이 차츰 설 자리를 잃어가고 있다. 조세피난처를 압박하는 국제적인 움직임이 일어난 것이다. 그 동안 고객을 절대 밝히지 않는 것으로 이름을 얻어 검은돈의 국제적인 은닉처 구실을 해온 스위스 은행들도 점차 비밀원칙을 완화하고 있다.

조세피난처 : 세제상의 특혜를 제공하는 지역, 조세회피지역.

역외 탈세 : 조세 피난처에 법인을 만들어 세금을 회피하는 것.

가정맹호 苛政猛虎 : 가혹한 정치는 호랑이보다 무섭다.

(苛 : 가혹할 가, 政 : 정사 정, 猛 : 사나울 맹, 虎 : 범 호)

후발국의
이익

　한나라의 5대 황제는 문제이다. 그는 대代나라의 왕으로 봉해져 15년 동안 변방에 나가 있었다. 낙양에 황제 자리가 비자 권신들의 추대로 수도로 돌아와 황제 자리에 올랐다. 황제가 되었지만 문제에게는 권력 기반이 없었다. 세력이 강한 제후나 문제를 추대한 공신들은 자기들의 공을 믿고 문제를 가벼이 여겼다. 문제는 우수한 인재를 발탁하여 국정을 쇄신하며 이를 극복해 나갔다.

　문제의 명신 중에 가의가 있었다. 다음은 가의의 진언이다.

　　속담에 말하기를, 관리가 되어 직무에 익숙하지 않거든 이미 이루어진 전례를 조사해 보라고 했습니다. 또 앞의 수레가 엎어지는 것은 뒤에 오는 수레에 경계가 된다(前車覆 後車誡)고 하였습니다. 옛날 하은주 삼대가 오래도록 번성했던 것은 지난날을 잘 검토하여 알고 있었기 때문입니다. 그 삼대에서 배우지 못하는 자는 번성이 오래가지 못할 것입니다.

진은 빨리 멸망했습니다. 왜 그리 빨리 멸망했는지는 엎어진 수레바퀴의 자국을 보면 알 수 있습니다. 그럼에도 그 수레바퀴 자국을 피하지 않는다면 뒤에서 오는 수레 또한 엎어질 것입니다.

후한시대 반고가 편찬한《한서》에 나오는 내용이다. 가의가 문제에게 올린 진언, '앞 수레(前車)가 엎어지는(覆) 것은 뒤에 오는 수레(後車)에 경계(誡)가 됩니다.'에서 '복차지계覆車之戒'라는 사자성어가 나왔다. 복차지계란 앞 수레가 넘어지는(覆車) 것을 보고 뒤 수레가 미리 경계(之戒)하여 넘어지지 않도록 한다는 뜻이다. 앞 사람의 실패를 거울로 삼아야 뒤따라가는 사람이 똑같은 잘못을 저지르지 않는다는 교훈이다.

복차지계와 비슷한 말로 타산지석他山之石, 반면교사反面教師 등이 있다. 타산지석은 타산에 있는 거친 돌이라도 옥을 닦는 데 유용하게 쓰인다는 말이다. 반면교사란 본이 되지 않는 남의 언행이 도리어 자신의 인격을 수양하는 데 도움이 되는 것을 말한다.

복차지계의 교훈은 유대인의 지혜서인 탈무드에도 나온다.

어느 날 랍비가 제자들에게 물었다.

"두 아이가 굴뚝 청소를 하고 나왔는데, 한 아이의 얼굴은 시커멓게 그을려 있었고, 다른 아이의 얼굴은 그을음 하나 없이 깨끗했네. 두 아이 중 누가 얼굴을 씻었겠는가?"

"얼굴이 더러운 아이겠지요."

제자들의 대답에 랍비는 고개를 저었다.

"그렇지 않네. 얼굴이 더러운 아이는 깨끗한 아이를 보고 자기도 깨끗한 줄 알고 씻지 않고, 얼굴이 깨끗한 아이는 더러워진 아이를 보고 자기도 더러울 거라 생각하고 얼굴을 씻는 법이라네."

다른 사람의 더러워진 얼굴을 보고 자기 얼굴도 더러울 거라 생각해서 얼굴을 씻는다는 이야기다. 앞 수레가 넘어지는 것을 보고도 자기마저 넘어진다면 지혜 없는 사람이다.

후발국의 이익

세계 각국의 산업이 발달하는 역사를 보면 후발국일수록 산업화에 소요되는 기간이 짧다. 최초로 산업혁명이 일어난 영국의 경우 농업국에서 공업국으로 전환되는 데 약 200년이 걸렸다. 두 번째로 산업혁명이 일어난 프랑스에서는 약 150년, 그리고 미국에서는 약 100년이 걸렸다. 일본에서는 약 80년이 걸렸다. 일본이 단기간에 열강 속에 편입될 수 있었던 요인은 '난학蘭學'에서 비롯된 서구 문물의 습득 덕분이다. '난학'이란 일본 에도시대에 일어난 네덜란드 연구 열풍을 말한다. 난학 연구는 메이지 시대를 거치면서 대대적인 서양서적 번역 작업으로 이어졌고 덕분에 일본은 유럽에서 수백 년 동안 발전시켜 온 문물을 단기간에 습득하였다.

후발국의 산업화 기간이 단축되는 현상을 '후발국의 이익'이라고 한다. 후발국은 선진국의 기술과 경험을 모방할 수 있을 뿐만 아니라 선발국의 산업화 과정에서 겪은 시행착오를 줄일 수 있다.

사다리 걷어차기

후발국의 이익은 선발국 입장에서는 눈엣가시다. 영국과 미국 등 선발국들은 후진국이 큰 비용을 치르지 않고 자기들을 쉽게 따라잡는 것이 불만이었다. 이들 국가는 갖가지 수단을 통해 후발국을 옥죄기 시작했다. 가장 손쉬운 방법은 유치산업을 육성하기 위해 보호무역을 하는 후발국에 자유무역을 요구하는 것이었다. 사실 이들 선진국은 개발 시기에 보호무역으로 산업발전을 이루었으면서도 후진국이 같은 방식으로 산업발전을 이루려 하자 이를 방해하고 나선 것이다.

독일의 경제학자 프리드리히 리스트Friedrich List는 '사다리 걷어차기'라는 촌철살인의 용어로 선진국의 비겁한 행태를 꼬집었다. 보호무역으로 성공을 거둔 영국이 후발국에 자유무역을 주장하는 것은 사다리를 타고 정상에 오른 사람이 다른 사람은 그 사다리를 이용하지 못하도록 걷어차 버리는 것과 같다는 것이다. 독일은 서유럽에서 산업화가 가장 늦은 나라이다. 영국에서 일어난 산업혁명이 대륙으로 건너와 독일에 이르는 동안 50년 이상이나 걸렸었다. 리스트가 볼 때 영국의 자유무역 요구는 전형적인 사다리 걷어차기였다.

압축 성장의 비용

압축 성장은 대개 특정 부문에 자본 등 생산요소를 집중 투입하는 불균형성장 전략을 통해서 이루어지기 때문에 부작용을 수반한다. 성장 제일주의를 부르짖는 압축 성장에는 환경오염과 파괴, 빈부 격차의 심화, 노사 갈등 등이 따르기 마련이다. 이러한 부작용이 한번 발생하면 고치는 데 오랜 시간이 소요된다. 산업화에 복차지계가 필요한 것과 같이, 압축 성장의 부작용을 예방하기 위한 또 다른 복차지계도 필요하다. 압축 성장의 폐해를 미리 내다보고 그 길을 피하는 것이 진정한 복차지계이다.

후발국의 이익: 후발국일수록 산업화 기간이 단축되는 현상.

압축 성장: 단기간 내에 이루는 경제성장.

복차지계 覆車之戒: 앞 수레가 엎어지는 것을 보고 경계하다.

(覆: 엎어질 복, 車: 수레 거, 之: 어조사 지, 戒: 경계할 계)

전차복 前車覆 **후차계** 後車戒: 앞 수레의 엎어짐은 뒤 수레의 경계가 된다.

원교근공
遠交近攻

이웃나라
궁핍화

춘추전국시대에 각국은 패권을 쥐거나 살아남기 위해 다양한 외교전을 펼쳤다. 원교근공정책이 그 중 하나이다. 원교근공에서 '원교遠交'는 먼 나라와 친교를 맺는 것을, '근공近攻'은 가까운 곳을 공격하는 것을 뜻한다. 멀리 있는 나라와 친교를 맺고 가까이 있는 나라를 공략하는 외교 전략을 원교근공정책이라고 한다.

전국시대에 진의 소양왕이 영토를 넓히고자 멀리 떨어져 있는 제를 공격하려 했다. 소식을 들은 범저가 왕에게 나아가 말했다.

"우리나라와 제나라는 멀고 그 사이에 한나라와 위나라가 있습니다. 한과 위를 지나 멀리 있는 제를 공격하는 것은 매우 위험합니다. 소규모 병력을 움직인다면 이기기 어려울 것이고, 대군을 출동시키면 본거지가 위험합니다. …… 지난날 제의 민왕이 연에 패한 원인도 실은 멀리 떨어져 있는 초를 공격하다가 과중한 부담으로 동맹국이 이반했기 때문입니다. 당시 한과 위나라만 덕을 보았는데 이는 적에게 병력을 주고 도둑에게 식량을 준 셈입니다. 지금 주군께서 세워야 할 정책은 먼 나라와 친교를 맺고 가까운 나라를 공략하는 원교근공정책입니다.”

범저의 말을 들은 소양왕은 제에 대한 공격을 포기하였다.

사마천《사기》'범저채택열전范雎蔡澤列傳'에 나오는 이야기다. 소양왕 이후 원교근공정책은 진나라의 중원 진출을 위한 외교 전략이 되었다. 진은 원교근공정책과 함께 연횡책連衡策을 병행하여 결국 천하통일을 이루었다. 소양왕은 진시황의 증조부이다. 진시황은 진秦나라와 가까운 곳에 있는 한, 위, 조趙나라부터 한 나라씩 차례로 격파하여 마침내 천하를 거머쥐었다.

이웃나라를 가난하게!

원교근공정책을 국제경제에 적용한 것이 '인국궁핍화(隣國窮乏化, beggar-thy-neighbor)'정책이다. 이웃 궁핍화 또는 '이웃나라 거지 만들기'라고도 하는 인국궁핍화정책이란 이웃 나라의 경제를 희생시키면서 자국의 이익을 추구하는 정책을 말한다.

어떤 나라가 수출 증대를 위해 자국 통화를 평가절하 한다고 하

자. 평가절하란 환율 인상을 말한다. 자국 통화의 평가절하를 통한 환율 인상은 수출 증가를 가져다준다. 그런데 국제 무역수지는 제로섬zero-sum의 성격을 가지고 있다. 한 나라가 흑자를 기록하면 다른 나라는 그 크기만큼의 적자를 기록하게 된다. 자국 화폐의 평가절하 전략은 상대국에게 무역수지 적자를 강요한다. 자국 경제를 부유케 하려고 상대방을 궁핍하게 만드는 것이다.

인국궁핍화정책은 결국 부메랑이 되어 돌아온다. 인위적인 환율 인상 전략은 단기적으로는 이로울 수 있다. 하지만 장기적으로 보면 그 궁핍화가 자국에 돌아온다. 그 이유는 다음과 같다. 첫째, 환율 인상 전략이 성공하여 자국은 흑자가 계속되고 무역 상대국에 적자가 계속되면 그 나라의 소득수준이 낮아진다. 소득수준이 낮아지면 수입이 감소한다. 상대국의 수입 감소란 자국의 수출 감소를 의미한다. 수출 증가를 위해 환율을 인상했는데 결과는 수출 감소로 돌아온 것이다.

둘째, 환율 인상 전략이 국제 환율전쟁을 초래한다. 자국이 환율을 올리면 무역 상대국도 환율을 올릴 것이고, 이어서 모든 나라가 환율 인상에 나서게 된다. 즉 환율전쟁이 일어난다. 결국 전 세계적인 보호무역이 일어나고, 무역의 이익은 사라지고 만다.

플라자 합의

강대국들이 일본에 엔화가치 절상(환율 인하)을 강요한 플라자 합의는 환율전쟁이 무엇인가를 보여주는 사건(?)이다.

1985년에 뉴욕에 있는 플라자 호텔에서 일본을 포함한 미국, 영국 등 5개국 대표가 환율에 관한 협약을 맺었다. 당시 미국은 무역적자와 재정적자가 동시에 발생하는 쌍둥이 적자에 시달리고 있었다. 5개국은 일본 엔화와 독일 마르크화의 가치를 절상시키고 달러화의 가치를 내리자는 결의안에 합의했다.

플라자 합의 이후 1주 만에 일본 엔화 가치는 달러화에 대해 8% 이상 올랐고, 이후 2년 동안 100% 가까이 상승하였다. 불과 2년 동안에 엔화 가치가 두 배로 오르고 환율은 절반(1/2)으로 떨어져버린 것이다. 엔-달러 환율이 내리자 일본 상품은 가격 경쟁력이 떨어지고 미국 상품은 경쟁력이 좋아졌다. 결국 일본의 수출 감소와 미국의 수출 증가를 가져왔다.

플라자 합의 이후 미국은 수출 호조에 힘입어 1990년대의 호황을 누렸다. 반면 일본은 엔고로 수출이 감소했다. 일본 정부는 수출기업을 도와주기 위해 저금리를 통한 확장적 통화정책을 시행하였다. 그 결과 경제에 버블이 나타나기 시작했다. 저금리 정책이 부동산 투기와 거품 경제를 불러온 것이다. 이에 놀라 금리를 인상하자 이번에는 거품이 꺼지면서 부동산 가격이 급락하고 기업이 도산하는 등 심각한 불황이 닥쳤다. 급격한 환율변동과 근시안적인 정책의 부작용으로 일본 경제는 장기 불황에 접어들었다. 이른바 일본의 '잃어버린 20년'이 바로 그것이다.

플라자 합의 후 약 30년이 흘렀다. 2012년 일본의 총리가 된 아베는 플라자 합의에 정반대되는 조치를 취하기 시작했다. 그것이 아베노믹스이다. 아베노믹스의 핵심은 엔화 공급 규모를 늘려서 엔화 가치를 떨어뜨리고 엔-달러 환율을 올리는 것이다. 아베의 정책은 수출 증대로 무역수지가 개선되는 등 단기적으로 효과를 거두었다. 일본이 이득을 얻는다는 것은 주변 무역국에게 상대적으로 피해를 입힌다는 것을 의미한다. 아베노믹스로 피해를 입은 주변국의 반발로 무역마찰이 발생하고, 일본 또한 수입 원자재 가격 상승이 수출 증대 효과를 상쇄하는 등 부작용이 만만치 않다. 주변국에 인심을 잃고 실속도 챙기지 못한 것이다.

이웃나라 궁핍화 : 자국의 경제발전을 위한 정책이 이웃나라를 궁핍하게 하는 현상.

원교근공 遠交近攻 : 먼 나라와 친교하고 가까운 나라를 공격하는 정책.

(遠 : 원, 交 : 사귈 교, 近 : 가까울 근, 攻 : 칠 공)

고사성어로 보는 **스토리 경제학**

타인능해
他人能解

노블레스
오블리주

'미리내 가게'는 이름도 아름답고 하는 일도 아름답다.

미리내 가게는 식당 등 지정된 가게에 익명의 독지가가 미리 값을 지불해 두면 돈이 없는 이가 와서 무료로 이용할 수 있는 곳이다. 돈을 미리 낸다고 해서 붙여진 이름이다. 미리내는 원래 은하수를 뜻하는 우리말이다. 누군가가 돈을 미리 내 두면 돈 없는 사람이 와서 이용하는, 밤하늘의 은하수만큼이나 아름다운 가게가 미리내 가게이다.

우리 속담에 "부富는 이웃을 살리고, 덕德은 만인을 살린다."라는 말이 있다. 부자가 자기가 가진 재물을 나누면 가난한 이웃을 도울 수 있으며, 덕을 베풀면 만인에게 도움 되는 일을 할 수 있다. 물질을 나누어 이웃을 돕는 것과 함께 덕을 베푸는 정신적 나눔이 더욱 귀중하다는 것을 강조하는 속담이겠다. 이 정신이 바로 노블레스 오블리주noblesse oblige가 아니겠는가.

노블레스 오블리주

'노블레스 오블리주'의 '노블레스'는 귀족 등 고귀한 신분을, '오블리주'는 책임을 뜻한다. 즉 '노블레스 오블리주'란 높은 사회적 신분에 어울리는 도덕적 의무를 요구하는 말이다. 고대 그리스와 로마, 그리고 중세의 귀족은 신분에 따르는 여러 가지 특권을 누리고 살았으며, 그 특권에 상응하는 도덕적 의무를 다하는 것을 명예로운 일로 생각했다. 다음은 시오노 나나미의 저서《로마인 이야기》서문에 나오는 내용이다.

로마인은

지성에서는 그리스인보다 못하고,

체력에서는 켈트인이나 게르만인보다 못하고,

기술력에서는 에트루리아인보다 못하고,

경제력에서는 카르타고인보다 뒤떨어졌다.

그런데 왜 그들만이 그토록 번영할 수 있었을까? 천년왕국 로마제국을 지탱케 해 준 힘은 무엇이었을까?

시오노 나나미는 질문을 던졌지만 명쾌한 답을 내놓지 않았다. 역사란 수많은 사람의 노고가 축적된 결과물이라는 이유에서이다. 하지만 그녀가 유력한 답으로 암시한 것 중 하나가 노블레스 오블리주 정신이다. 로마시대의 지도자들은 전쟁이 발발하면 스스로 전장에 나가 싸우고, 평시에는 축적한 재산을 가지고 병원이나 목욕탕 등 공공시설을 지어 시민에게 기증했다. 율리우스 공회당은 갈리아 전쟁에서 승리하고 돌아온 율리우스 카이사르가 사재를 털어서 건설한 뒤 국가에 기증한 건물이다. 로마사람들은 건물에 기증자의 이름을 붙여 그 공로를 기렸다. 로마 지도자의 이러한 솔선수범과 나눔은 로마제국 번영의 기초가 되었다.

노블레스 오블리주 정신은 서양에만 있는 것이 아니다. 경주 최 부잣집과 구례 운조루 주인의 이웃 배려는 우리나라 지도자의 고귀한 정신을 잘 보여준다.

최 부잣집 가훈

최 부잣집에서는 여섯 가훈을 통해 후손을 교훈하고 경계했다. 가훈과 그 뜻을 간추리면 다음과 같다.

첫째, 과거를 보되 진사 이상은 하지 마라. 양반 신분은 유지하되 권력과는 일정한 거리를 유지하라는 가르침이다. 부를 유지하기 위해서 최소한의 지위는 필요하나 높은 벼슬을 하면 권력 쟁탈전이나 사화에 휘말리기 쉽다.

둘째, 재산은 만 석 이상 모으지 마라. 욕심을 부리지 않으니 소작인에게 혜택이 돌아가고 생산성이 좋아진다.

셋째, 과객을 후하게 대접하라. 손님을 후하게 대접함으로써 덕을 쌓고 인심을 얻으라는 가르침이다.

넷째, 흉년에 논을 사지 마라. 흉년이야말로 싼 값에 논을 사들일 기회이지만, 이웃의 어려움을 이용하여 재산을 늘리지 말라는 교훈이다.

다섯째, 사방 백 리 안에 굶어 죽는 사람이 없게 하라. 이는 가진 자로서의 도덕적 의무이다.

여섯째, 며느리는 시집온 후 삼년간 무명옷을 입어라. 집안에서 직접 살림을 담당하는 여자들에게 근검절약하는 생활을 실천하도록 한 것이다. 최 부잣집은 이러한 가훈이 있었기에 격동기를 거치면서도 재산을 지켜왔을 뿐만 아니라 덕을 널리 베풀 수 있었다.

타인능해

구례군 토지면에는 운조루雲鳥樓라고 하는 집이 있다. 조선 영조 시대에 류이주가 세운 운조루는 '구름 속의 새처럼 숨어사는 집'이라는 뜻을 가지고 있다. 운조루의 사랑채와 안채 사이에는 곳간이 있고, 이 곳간에 나무로 만든 큼지막한 원통형 뒤주가 하나 서 있다. 뒤주 아래쪽에는 쌀을 꺼내는 서랍식 구멍이 있고, 서랍 뚜껑에는 他人能解(타인능해)라는 글이 씌어 있다. 타인능해란 '누구든지(他人) 마음대로 뒤주를 열 수 있다(能解)'는 뜻이다. 운조루 주인은 이웃의 가난한 사람들을 돕기 위해 이 뒤주를 만들어 쌀을 가득 채운 다음 아무나 와서 쌀을 가져가도록 했다. 뒤주가 놓인 곳간은 대문 가까운 곳에 있어서 주인이 사는 안채와 격리되어 있다. 어려운 사람이 안채에 들어가 자존심 상하는 구걸을 하지 않고도 쌀을 가져갈 수 있도록 배려한 것이다. 또한, 이 집의 굴뚝은 아예 없거나 낮다. 밥짓는 연기가 높이 올라가지 않도록 하기 위해서다. 부잣집에서 하늘 높이 올라가는 연기를 보며 이웃집 가난한 사람들이 더 배고파 할 것을 염려한 것이다.

경주 최 부잣집 가훈이나 구례 운조루의 '타인능해 뒤주' 속에는 우리 선인들의 이웃을 향한 배려와 나눔의 정신이 녹아 있다. 만인을 살리려는 그분들의 고귀한 뜻이 각박한 시대를 살아가는 우리의 가슴을 따뜻하게 해 준다.

후주

1) 경향비즈라이프, "중국 민영기업 태동의 비밀", 홍인표 기자, 2014. 6. 6. 발췌.

2) 《현대경제학원론(박영사, 김대식 外)》에서 처음 사용하였다.

3) http://www.consumernews.co.kr/news, 2011. 7. 6.

4) 최희남, 《정다산의 경제윤리사상》 김영사, 2007. p. 247.

5) 최희남, 《정다산의 경제윤리사상》 김영사, 2007. p. 245.

6) 신창민, 《통일은 대박이다》 매일경제신문사, 2012.

7) 수향불심水響不深에 대해서는 불완전경쟁시장과 관련하여 다음 장에서 설명한다.

8) 장옌, 《알리바바 마윈의 12가지 인생강의》 매일경제신문사, 2014. pp. 122~125.

9) 식당 경영에 참가했던 낙선자 중 한 명이 나중에 대통령에 당선되었다.

10) 조너선 윌리엄스(Jonathan Williams) 저, 이인철 역 《돈의 세계사》(까치, 1998), p. 163. 참조.

11) 구약성경, 전도서 11장 2절.

12) 마한은 온조왕이 아니라 4세기 경 근초고왕에 의해 일부가 병합되었다.

13) 국토해양부, 2012. 6. 29.

14) 옥석을 구분해야 한다는 말이 있는데, 옥과 돌을 구별한다는 뜻이며 이 경우 구분의 한자는 區分이다.

15) 조세일보 2012. 7. 24.

고사성어로 보는 **스토리 경제학**

찾아보기

고사성어로 보는 스토리 경제학

참고문헌

득롱망촉: 범엽, 『후한서後漢書』中華書局, 卷十七, 풍이·잠팽·가복열
　　전馮異岑彭賈復列傳 "잠팽전岑彭傳" 李賢等 注, 아름출판사, 1995.

적토성산: 『순자荀子』 김학주 역, 을유문화사, 2008.

박리다매: 한비, 『한비자韓非子』 설림편說林篇. 최태웅역, 새벽이슬,
　　2011.

서시빈목: 『장자莊子』 "천운편天運篇", 기세춘 역, 바이북스, 2007.

우공이산: 열어구, 『열자列子』, 탕문편湯問篇. 김학주 역, 연암서가, 2011.

천금매골: 유향, 『전국책戰國策』 卷二十九 "연책燕策 一" 임동석 역주, 전
　　통문화연구회, 2004,

보거상의: 좌구명, 『춘추좌씨전春秋左氏傳』 卷五 "희공僖公 상上", 장세후
　　역, 을유문화사, 2012.

고장난명: 한비, 『한비자韓非子』 "공명편功名篇, 최태웅 역 새벽이슬,
　　2011.

줄탁동시: 중현, 『벽암록碧巖錄』 第十六則 경청줄탁기鏡清啐啄機(송병
　　진, 벽암록 연구, 반도인쇄사, 2004).

장수선무다전선고: 한비, 『한비자韓非子』최태웅 역, 새벽이슬, 2011.

농단: 윤재근, 『맹자孟子』 "공손추장구公孫丑章句"下, 동학사, 2009.

오월동주: 『손자孫子』, 김원중 역, 글항아리, 2011.

백락일고: 유향, 『전국책戰國策』 卷三十 "연책燕策二", 임동석 역주, 전통
　　문화연구회, 2004.

기호난하: 『수서隋書』 卷36 열전列傳 제1 후비后妃 獨孤皇后, 경인문화
사, 1983.

하로동선: 왕충, 『논형論衡』, 이주행 역, 소나무, 1996.

옥석혼효: 갈홍, 『포박자抱朴子』 외편外編 卷二 상박尙博, 석원태 역, 서
림문화사, 1995.

조삼모사: 열어구 『열자列子』 "황제편黃帝篇", 김학주 역, 연암서가, 2011.

불입호혈부득호자: 유홍유, 『후한서: 범엽의 인물열전』, 이미영 옮김,
팩컴북스 2013.

본말전도: 유향, 『전국책戰國策』 卷十一 "제책齊策四", 임동석 역주, 전통
문화연구회, 2004.

순망치한: 좌구명, 『춘추좌씨전春秋左氏傳』 上 卷五, "희공僖公 상上" 장
세후 역 을유문화사, 2012.

반식재상: 증선지, 『십팔사략十八史略』 卷5 唐 "현종명황제玄宗明皇帝",
임동석 역주, 동서문화사.

현옥매석: 양웅揚雄, 『양자법언揚子法言』 '문도問道 권4卷 第四 현옥이고
석자衒玉而賈石者.

갈택이어: 여불위, 『여씨춘추呂氏春秋』 "효행람孝行覽" 의상義賞, 김근 역,
글항아리, 2012.

옥석구분: 이기동 역해 『서경강설書經講說』, 성균관대학교출판부, 2007.

수청무어: 유홍유, 『후한서: 범엽의 인물열전』, 이미영 옮김, 팩컴북스
2013.

도견상부: 열어구, 『열자列子』 "설부說符", 김학주 역, 연암서가, 2011.

가정맹호: 『예기禮記』 "단궁檀弓" 하편下篇, 이민수 역, 혜원, 1992.

복차지계: 반고班固, 『한서漢書』 中華書局, 卷四十八 가의전賈誼傳 제18,
아름출판사, 1995.

고사성어로 보는 스토리 경제학